Commission nationale
du Delf et du Dalf | Centre
international
d'études
pédagogiques

Delf scolaire

Niveau A2
du Cadre européen commun de référence

Dominique CHEVALLIER-WIXLER
Nicole GOURGAUD
Bruno MÈGRE

Deutsche Ausgabe: Dr. Hans-Ludwig Krechel

Table des credits

Illustrations :
p. 11, p. 30, pp. 32-33, p. 68, p. 82 Gilbert Pinna ; p. 15 D.R.

Photos :
pp. 58-59-60-62-63-64 Edward A. Wixler.

« Le photocopillage, c'est l'usage abusif et collectif de la photocopie sans autorisation des auteurs et des éditeurs. Largement répandu dans les établissements d'enseignement, le photocopillage menace l'avenir du livre, car il met en danger son équilibre économique. Il prive les auteurs d'une juste rémunération.
En dehors de l'usage privé du copiste, toute reproduction totale ou partielle de cet ouvrage est interdite. »

« La loi du 11 mars 1957 n'autorisant, au terme des alinéas 2 et 3 de l'article 41, d'une part, que les copies ou reproductions strictement réservées à l'usage privé du copiste et non destinées à une utilisation collective » et, d'autre part, que les analyses et les courtes citations dans un but d'exemple et d'illustration, « toute représentation ou reproduction intégrale, ou partielle, faite sans le consentement de l'auteur ou de ses ayants droit ou ayants cause, est illicite. » (alinéa 1er de l'article 40) – « Cette représentation ou reproduction, par quelque procédé que ce soit, constituerait donc une contrefaçon sanctionnée par les articles 425 et suivants du Code pénal. »

© Les Éditions Didier, Paris 2004   Imprimé en France

Das Werk und seine Teile sind urheberrechtlich geschützt.
Jede Nutzung in anderen als den gesetzlich zugelassenen Fällen bedarf der vorherigen schriftlichen Einwilligung des Verlages.
Hinweis zu § 52 a UrhG: Weder das Werk noch seine Teile dürfen ohne eine solche Einwilligung eingescannt und in ein Netzwerk eingestellt werden.
Dies gilt auch für Intranets von Schulen und sonstigen Bildungseinrichtungen.

Alleinberechtigte Ausgabe für die Bundesrepublik Deutschland und für Österreich.
Cornelsen Verlag, Berlin 2004

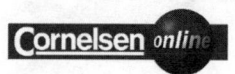 http://www.cornelsen.de

ISBN 3-464-22354-0   Best.-Nr. 223540

Sommaire/Inhalt

Vorwort für die deutsche Ausgabe 4
Présentation de l'épreuve 5

I. Arbeitsmethoden 7
 1. Das Hörverstehen trainieren 9
 2. Das Leseverstehen trainieren 13
 3. Mit Hilfe des schriftlichen Ausdrucks 17
    den mündlichen Ausdruck trainieren
 4. Den schriftlichen Ausdruck trainieren 21
 5. Den mündlichen Ausdruck trainieren 31

II. Entraînement 35
 L'école, les examens 36
 Les loisirs 47
 Les goûts 75

III. Exemples d'épreuves 83
 Épreuve orale 1 84
 Épreuve orale 2 86
 Épreuve écrite 1 88
 Épreuve écrite 2 91

IV. Techniques de travail 93

VORWORT FÜR DIE DEUTSCHE AUSGABE

Das vorliegende Material ermöglicht eine gezielte Vorbereitung auf die DELF-Prüfung.

Das Schülerbuch besteht aus vier Teilen:

• **Arbeitsmethoden:** Hier können die einzelnen Fertigkeiten (Hör- und Leseverstehen, sowie schriftliche und mündliche Ausdrucksfähigkeit) trainiert werden. Dieses Methodentraining ist auf Deutsch verfasst und enthält Querverweise zu gängigen Lehrwerken, die helfen, den Einsatzort der einzelnen Trainingsteile zu definieren.

• **Entraînement:** Hier werden die Schülerinnen und Schüler mit den einzelnen Übungstypen, die ihnen in den DELF-Prüfungen begegnen werden, vertraut gemacht. Dieser Teil ist auf Französisch, enthält aber Vokabelhilfen und weiterhin Querverweise zum Lehrwerk.

• **Musterprüfungen:** Hier werden vier Musterprüfungen vorgestellt.

• **Techniques de travail:** Hinweise auf Arbeitstechniken (auf Deutsch) runden den Schülerband ab.

PRÉSENTATION DE L'ÉPREUVE

Depuis son lancement, en mai 2001, le DELF scolaire connaît un succès qui ne se dément pas. En avance sur le travail d'harmonisation des examens du DELF et du DALF sur les six niveaux du Cadre Européen Commun de référence, sa formule a séduit.

Cet examen, destiné à de jeunes apprenants en situation scolaire, sera à l'avenir décliné en quatre niveaux, correspondant respectivement aux niveaux A1, A2, B1 et B2 du Cadre européen commun de référence.

Le degré de compétence linguistique attendu pour la réalisation des différentes activités proposées dans cet ouvrage correspond au niveau A2 du Cadre européen commun de référence pour les langues avec, parfois, quelques exercices plus exigeants de niveau B1.

Cet ouvrage propose essentiellement des pratiques de classe permettant de consolider ses acquis dans les quatre compétences : compréhension écrite, compréhension orale, expression écrite, expression orale. Ce livre d'activités ne saurait remplacer une méthode de français langue étrangère. Comme l'examen du Delf scolaire, cet ouvrage s'inscrit dans une véritable démarche pédagogique d'apprentissage du FLE. Il en est un élément essentiel qui permet de la compléter.

À cette fin, voici comment seront abordées ces compétences dans la perspective de l'examen :

- **Compréhension écrite**

Identification d'informations ou d'opinions importantes figurant dans un ou plusieurs documents brefs (publicités, prospectus, courts messages personnels, sondages…), ayant trait à des situations courantes de la vie quotidienne.

- **Compréhension orale**

Questionnaires de compréhension portant sur de brefs documents enregistrés ayant trait à des situations de communication courantes (micro-conversations, annonces, publicités…).

- **Expression écrite**

Rédaction de brèves productions personnelles portant sur des situations simples de la vie quotidienne : lettre de caractère amical évoquant une situation et / ou des événements ; note ou message invitant à prendre position, exprimer un sentiment ou une opinion dans une situation de communication simple…

- **Expression orale : parler en continu et participer à une conversation**

Les thèmes proposés inviteront à décrire des éléments de la vie quotidienne, à échanger des informations, à exprimer des goûts et des opinions simples, dans le cadre d'une conversation ou en s'exprimant en continu.

Une grande liberté est laissée aux utilisateurs de cet ouvrage :

Il est possible de privilégier une approche systématique qui respecte l'ordre des dossiers, en s'attachant en particulier à effectuer toutes les activités proposées dans la première partie (entraînement) avant d'aborder avec plus de souplesse les dossiers qui suivent. En plus des activités, celle-ci propose des rappels méthodologiques.

Vous pouvez aussi choisir de vous laisser guider par votre intuition et votre intérêt pour un thème ou pour un type d'activités, et naviguer librement dans cet ouvrage. L'essentiel est bien entendu de ne négliger aucune compétence pour être « armé » face à la diversité des épreuves qui attendent le candidat le jour de l'examen.

I. ARBEITSMETHODEN

➥ Das Hörverstehen trainieren 9

➥ Das Leseverstehen trainieren 13

➥ Mit Hilfe des schriftlichen Ausdrucks den mündlichen Ausdruck trainieren 17

➥ Den schriftlichen Ausdruck trainieren 21

➥ Den mündlichen Ausdruck trainieren 31

 **Hörverstehen**

ENTDECKEN VON ARBEITSMETHODEN

Das *DELF scolaire Niveau A2* umfasst unterschiedliche Prüfungsteile, wovon sich jeder auf eine besondere Kompetenz bezieht.

■ **In den Gruppenprüfungen wird überprüft, ob ihr fähig seid:**

1 Hörtexte zu verstehen,
wenn euch Verständnisfragen gestellt werden,

2 geschriebene Texte zu verstehen,
wenn euch zu diesem Text Fragen gestellt werden,

3 euch angemessen schriftlich auszudrücken,
wenn ihr einen persönlichen Brief, eine kurze Mitteilung verfassen sollt.

■ **In den Einzelprüfungen wird überprüft, ob ihr fähig seid:**

1 einige Minuten über ein Thema aus dem Alltagsleben zu sprechen. Ihr müsst erzählen, beschreiben, Einzelheiten aufzeigen usw.,

2 einige Minuten über ein Thema sprechen, das euch anregt eure Meinung, euren Standpunkt, eure Gefühle auszudrücken.

Während der Prüfung gibt es immer einen Augenblick, in dem die Jury euch beim Sprechen zuhört, dann schließlich einen Augenblick, wo sie euch Fragen stellt und mit euch ein Gespräch führt.

Der nun folgende Teil soll euch ermöglichen Regeln, die ihr einhalten müsst, Typen von Fragen, die man euch stellt, und Methoden zu entdecken, die ihr anwenden solltet, um gute Chancen zu haben.

Die Verweise zeigen euch an, mit welcher *Unité* von *Réalités* ihr die einzelnen Aktivitäten am besten ausprobiert.

Hörverstehen

1 DAS HÖRVERSTEHEN TRAINIEREN

Ihr müsst fähig sein:

Hörtexte zu verstehen, wenn euch dazu Verständnisfragen gestellt werden.

Die Hörtexte können Dialoge, Annoncen oder Werbung sein.

 Hilfestellung

Um am Prüfungstag fit zu sein, muss man regelmäßig für diese Prüfungen trainiert haben.
Von allen *DELF-scolaire-Niveau A2*-Prüfungen ist die Prüfung zum Hörverstehen vielleicht diejenige, die eure Nerven am meisten strapaziert. Von dem Augenblick an, wo ihr mit dem Hören beginnt, habt ihr das Gefühl, dass alles sehr schnell geht. Im Unterschied zum Schriftlichen könnt ihr die Aufnahme nicht so oft hören wie ihr wollt, denn die Anzahl des Vorspielens ist begrenzt.

Also, was könnt ihr tun? Es ist wichtig, die Prüfungsbedingungen gut zu kennen. Dafür müsst ihr die Aufgabenstellung aufmerksam durchlesen.

 Hier ein Beispiel für eine Aufgabenstellung:

Ihr hört jetzt drei kurze Dialoge zwischen einer Frau und mehreren Gesprächspartnern.

- Ihr habt zunächst eine Minute Zeit, um die Fragen durchzulesen.
- Ihr hört die Dialoge ein erstes Mal. Nach jedem Dialog habt ihr 30 Sekunden Zeit, um auf die Fragen zu antworten.
- Ihr hört die Dialoge ein zweites Mal. Nach jedem Dialog habt ihr wiederum 30 Sekunden Zeit, um eure Antworten zu vervollständigen.

Antwortet, indem ihr die richtige Antwort ankreuzt (X) oder indem ihr die erwartete Information aufschreibt.

 Tipps:
Es liegt an euch in der Praxis die Technik oder die Techniken zu finden, die euch am meisten helfen: Ist es für euch sinnvoll …
1. die Fragen zu lesen und die Schlüsselwörter zu finden,
2. die Dialoge zu hören, ohne euch Notizen zu machen,
3. die Dialoge zu hören und euch dabei Notizen zu machen,
4. sofort auf die einfachsten Sätze zu antworten?

Probiert dies in der Klasse aus, diskutiert und vergleicht eure Versuche.

Hörverstehen

I. ARBEITSMETHODEN

 BEISPIEL Réalités 3, Unité 3

Aufgabe zum Hörverstehen

Seht euch die Form der folgenden Fragen gut an. Sie beziehen sich auf den Dialog, den ihr jetzt hört. Sie haben fast alle die Form *richtig / falsch / ?* (= ich weiß nicht). Es reicht, wenn ihr ein Kreuz in das Kästchen eintragt, das eurer Antwort entspricht.

 Hört euch den Dialog an.

- Ihr hört den Dialog ein erstes Mal. Ihr habt anschließend 30 Sekunden Zeit, um damit zu beginnen, auf die Fragen zu antworten.
- Ihr hört den Dialog ein zweites Mal. Ihr habt wiederum 30 Sekunden Zeit, um eure Antworten zu vervollständigen.
- Antwortet, indem ihr die richtige Antwort ankreuzt (*X*).

1. Luc dit qu'il adore les films d'action.
   ❏ Vrai ❏ Faux ❏ ?

2. Les films d'action :
   ❏ le détendent.
   ❏ lui font peur.
   ❏ l'ennuient.

3. Luc adore les dessins animés.
   ❏ Vrai ❏ Faux ❏ ?

4. Son ami dit qu'il préfère les comédies musicales.
   ❏ Vrai ❏ Faux ❏ ?

5. Luc ne partage pas le goût de son ami pour les comédies musicales.
   ❏ Vrai ❏ Faux ❏ ?

6. Luc est amusé de voir les gens communiquer en chantant.
   ❏ Vrai ❏ Faux ❏ ?

 Kommentare:

Die Möglichkeit mit *?* (= ich weiß nicht) zu antworten, bereitet manchmal Probleme. Was habt ihr auf die Behauptung 3 geantwortet? Stellt Euch folgende Frage, wenn ihr zögert: Ist die Antwort auf die Behauptung klar? Kann ich mich auf ein genaues Element beziehen, das ich verstanden habe? Sind die anderen Antwortmöglichkeiten falsch?

- Sagt Luc, dass er Zeichentrickfilme liebt oder hasst? Nein.
- Spricht einer der Personen von Zeichentrickfilmen? Nein.
- Ist es möglich, dass Luc Zeichentrickfilme liebt? Ja.
- Ist es sicher, dass Luc die Zeichentrickfilme liebt? Nein.

Schlussfolgerung: Es ist unmöglich auf diese Behauptung mit *Richtig* oder *Falsch* zu antworten. Die Antwort heißt also ❏ *?* (= ich weiß nicht).

Hörverstehen

 ACTIVITÉ 1   Réalités 4, Dossier 4/3

Arbeiten mit Annoncen

Beobachtet genau: Dieses Mal sind die Fragen verschieden. Ihr werdet **Richtig**- und **Falsch**-Fragen wiederfinden. Aber ihr müsst auch Wörter hinschreiben. Lest zuerst die Fragen und bereitet euch vor, sie zu beantworten.

☞ *Hört euch die Annonce an.*

1. Qu'est-ce qui a été perdu ?
   ----

2. À quelle porte ?
   ----

3. On sait qui est le propriétaire.
   ❏ Vrai   ❏ Faux   ❏ ?

4. Devant quelle porte faut-il se rendre pour reprendre l'objet ?
   ----

5. Quel nom porte l'endroit où s'adresser ?

I. ARBEITSMETHODEN

 ACTIVITÉ 2   Réalités 3, Unité 2

Arbeiten mit Werbung

Achtet genau auf die Fragen. Dieses Mal stehen da vor allem Vorschläge. Es gibt nur eine einzige **Ja**-, **Nein**-, **?**-Frage.

Hört euch die Aufnahme an.

1. Quel est le nom de la marque ?
   ❏ Milcolait
   ❏ Milcolac
   ❏ Milcolacté

2. ❏ Ça se mange.
   ❏ Ça se boit.
   ❏ Ça se suce.

3. Quand peut-on en consommer ?
   ❏ au petit-déjeuner
   ❏ entre les repas
   ❏ au déjeuner
   ❏ au dîner

4. Qui doit surtout en prendre ?
   ❏ les bébés
   ❏ les enfants
   ❏ les adolescents
   ❏ les adultes

5. Ses effets sont :
   ❏ assez rapides
   ❏ très rapides
   ❏ on ne sait pas

6. Il est facile de l'emporter.
   ❏ oui
   ❏ non
   ❏ ?

Hörverstehen

 **ACTIVITÉ 3** Réalités 3, Unité 6

☞ *Hört euch die Annonce an.*

Ihr hört jetzt fünf Sätze.

1. Beachtet die Tabelle.

2. Hört euch die Aufnahme an. Ihr habt zwischen jedem Satz 15 Sekunden Zeit, um zu antworten, indem ihr ein Kreuz in die richtige Spalte setzt.

	Il ou elle parle à une fille	Il ou elle parle à un garçon	On ne sait pas
Phrase 1 :			
Phrase 2 :			
Phrase 3 :			
Phrase 4 :			
Phrase 5 :			

ACTIVITÉ 4 Réalités 3, Unité 1

Ihr hört eine Aufnahme.

• Lest die Fragen.

• Hört die Aufnahme ein erstes Mal.

• Ihr habt anschließend 30 Sekunden Zeit, um auf die Fragen zu antworten.

• Ihr hört die Aufnahme ein zweites Mal. Ihr habt eine Minute Zeit, um eure Antworten zu vervollständigen.

Fragen

1. Qui téléphone ?
   ❏ Pierre ❏ Julia ❏ Julie

2. Julie apprend une mauvaise nouvelle à Pierre.
   ❏ Vrai ❏ Faux ❏ ?

3. Combien de temps supplémentaire ont-ils pour rendre leur devoir ?
   _____

4. Pierre invite Julie à lui téléphoner :
   ❏ quand elle le veut.
   ❏ quand elle a des informations intéressantes.
   ❏ quand ça concerne l'école.

5. Le lendemain, ils vont aller en cours :
   ❏ plus tôt.
   ❏ à la même heure.
   ❏ plus tard.

Leseverstehen

2 DAS LESEVERSTEHEN TRAINIEREN

Ihr müsst fähig sein:

einen geschriebenen Text zu verstehen und auf Verständnisfragen zu diesem Text richtig zu antworten.

 Hilfestellung

 ACTIVITÉ 1 Réalités 4, Dossier 4

Warum sollten wir nicht mit einem literarischen Text aus dem 17. Jahrhundert beginnen. Ihr werdet feststellen, dass es leichter ist, als ihr denkt. Natürlich stoßt ihr auf Schwierigkeiten, denn einige Wörter werden heute nicht mehr gebraucht. Schließlich ist es auch für viele frankophone Sprecher fast eine fremde Sprache.

Lest den folgenden Text aufmerksam durch:

> HARPAGON. *Il crie au voleur dès le jardin, et vient sans chapeau :* Au voleur ! Au voleur ! À l'assassin ! Au meurtrier ! Justice, juste Ciel ! je suis perdu, je suis assassiné, on m'a coupé la gorge, on m'a dérobé mon argent. Qui peut-ce être ? Qu'est-il devenu ? Où est-il ? Où se cache-t-il ? Que ferai-je pour le trouver ? Où courir ? Où ne pas courir ? N'est-il point là ? N'est-il point ici ? Qui est-ce ? Arrête. Rends-moi mon argent, coquin. *(Il se prend lui-même le bras.)* Ah ! c'est moi. Mon esprit est troublé, et j'ignore où je suis, qui je suis, et ce que je fais.
>
> *L'avare*, Molière

a) Die folgenden Fragen helfen euch zu überprüfen, ob ihr das Wesentliche verstanden habt. Lest sie zunächst ein erstes Mal durch, ohne sie zu beantworten:

1. Dans quelle catégorie classer cet extrait ?
   ❏ la poésie
   ❏ le théâtre
   ❏ les romans policiers

2. Qui n'est pas content ?
   ----

3. Il lui est arrivé quelque chose de grave.
   ❏ Vrai   ❏ Faux   ❏ ?

4. Il a été blessé physiquement.
   ❏ Vrai   ❏ Faux   ❏ ?

5. Qu'a-t-il perdu ?
   ----

6. Il se pose beaucoup de questions, lesquelles ? *(plusieurs réponses possibles)*
   ❏ Il se demande qui est le voleur.
   ❏ Il se demande d'où vient le voleur.
   ❏ Il se demande où se trouve le voleur.

7. Il découvre le voleur.
   ❏ Vrai   ❏ Faux   ❏ ?

8. Il découvre qu'il devient fou.
   ❏ Vrai   ❏ Faux   ❏ ?

I. ARBEITSMETHODEN

Leseverstehen

b) Formuliert die folgenden Sätze um und gebraucht ein Register der Alltagssprache.

Beispiel:

Je suis perdu : _c'est fini_

1. On m'a dérobé mon argent : _____

2. Qui peut-ce être ? _____

3. Qu'est-il devenu ? _____

4. N'est-il point là ? _____

5. Et j'ignore où je suis. _____

c) Was erzählt Harpagon (*L'avare*, Molière, Szene VII)? Vervollständigt die folgenden Sätze mit euren eigenen Worten:

Il crie au voleur. Il dit qu'_____ perdu, _____ assassiné, qu'on _____ la gorge, qu'on _____ argent. Il dit que _____ esprit est troublé. Il ignore _____ et ce _____.

☞ *Nehmen wir einen neuen Auszug desselben Stückes.*

d) Ihr wisst nun, wie ihr es machen müsst: Lest den Text aufmerksam durch und versucht das Wichtigste zu verstehen und dann auf die Fragen zu antworten.

> Hélas ! mon pauvre argent, mon pauvre argent, mon cher ami ! On m'a privé de toi ; [...], j'ai perdu mon support, ma consolation, ma joie ; tout est fini pour moi, et je n'ai plus que faire au monde : sans toi, il m'est impossible de vivre. C'en est fait, je n'en puis plus ; je me meurs, je suis mort, je suis enterré. N'y a-t-il personne qui veuille me ressusciter, en me rendant mon cher argent, ou en m'apprenant qui l'a pris ? Euh ? Que dites-vous ? Ce n'est personne.

1. ❏ Harpagon se lamente.
   ❏ Harpagon est en colère.
   ❏ Harpagon est sans voix.

2. Sans argent, Harpagon n'a plus de raison de vivre.
   ❏ Vrai ❏ Faux ❏ ?

3. Quelle est, pour lui, l'unique solution ?
   _____

4. Une autre personne arrive.
   ❏ Vrai ❏ Faux ❏ ?

 Tipps: Vergeßt nicht! Lest euch zuerst alle Fragen durch. Beginnt dann, auf die Fragen zu antworten. Falls ihr zögert, findet den Textabschnitt wieder, der euch erlaubt zu antworten. Nehmt euch schließlich Zeit, eure Antworten zu überprüfen.

Leseverstehen

Ihr seid dran!

ACTIVITÉ 2 — Réalités 3, Bonnes vacances 1

Nehmt zunächst Kenntnis von diesem Text und lest die Fragen. Beginnt dann, auf die Fragen zu antworten.

Fragen:

1. Selon vous, c'est :
   - ❏ une photo.
   - ❏ une affiche.
   - ❏ une bande dessinée.

2. Ce document sert à annoncer :
   - ❏ des festivités.
   - ❏ un chanteur.
   - ❏ un spectacle de danse.

3. D'après vous, ce document est :
   - ❏ un reportage.
   - ❏ une publicité.
   - ❏ une campagne de prévention.

4. Quelles informations sont données ?
   - ❏ La date et le lieu de la fête.
   - ❏ La date et l'heure de la fête.
   - ❏ Le nom et la date de la fête.

ACTIVITÉ 3 — Réalités 3, Unité 2

Lest den folgenden Text und antwortet auf die Fragen.

La fête de l'école
Le samedi 17 mai 2003

- **Dès 14 h 00 :** Bouquinerie organisée par le Comité de l'association des parents. Vous pourrez y acheter et vendre des livres.
- **Dès 14 h 00 :** Bar de « La Trappe » et Petite restauration
- **À 16 h 00 :** Spectacle à la Salle des Fêtes par des élèves de diverses classes « D'hier et d'aujourd'hui »
- **À partir de 19 h 00 :** Souper au restaurant scolaire

Menus proposés :
Au prix de 18 €

Apéritif Maison

Chartreuse de poisson blanc au saumon fumé

Cuisse de canard confite
Fagot de haricots et gratin dauphinois

Soufflé au Grand Marnier

Menus Enfants :

5 € : Poulet – Frites – Compote
7 € : Boulettes sauce tomate – Frites

Fragen:

1. Cet encadré annonce :
   - ❏ une pièce de théâtre.
   - ❏ un spectacle de danse.
   - ❏ un programme d'activités.

2. L'événement aura lieu :
   - ❏ le matin et l'après-midi.
   - ❏ l'après-midi et le soir.
   - ❏ le matin et le soir.

3. Le repas est :
   - ❏ gratuit pour tout le monde.
   - ❏ gratuit pour les enfants.
   - ❏ payant pour tout le monde.

4. Le menu est :
   - ❏ le même pour les parents et les enfants.
   - ❏ différent pour les enfants et les parents.
   - ❏ uniquement réservé aux parents.

5. À quelle heure finit la fête ?
   - ❏ À 14 heures.
   - ❏ À 19 heures.
   - ❏ On ne sait pas.

Leseverstehen

ACTIVITÉ 4 — Réalités 3, Unité 6

Beachte: Dieses Mal müsst ihr die beiden Aufgaben miteinander verbinden. Ihr müsst die Bearbeitungszeit für beide Teilaufgaben beachten. Es ist sehr wichtig, sich die Zeit richtig einzuteilen.

a) In eurer Schülerzeitung findet ihr den folgenden Textausschnitt, der eingerahmt ist. Lest ihn durch und beantwortet die Fragen.

Apprendre, visiter, rencontrer, se divertir

L'École de Lyon organise chaque été des stages de français langue étrangère de trois semaines qui permettent aux jeunes de 12 à 16 ans de découvrir la langue française dans l'enthousiasme et en passant de magnifiques vacances.

Pour 350 € :
- ✓ 63 heures de cours de français
- ✓ 7 excursions
- ✓ 42 heures de sport
- ✓ 42 heures d'animation

Nous pouvons aussi vous proposer des tarifs très intéressants pour le voyage et l'hébergement. Pour plus de renseignements, envoyez un message électronique à erica.harteri@ciep.org. Erica vous répondra rapidement.

Fragen:

1. Il s'agit :
   ❑ d'un article de journal.
   ❑ d'une publicité.
   ❑ d'une petite annonce.

2. L'annonce propose :
   ❑ des vacances sportives et éducatives.
   ❑ des vacances exclusivement éducatives.
   ❑ On ne sait pas.

3. Qui peut participer ?
   ❑ Tout le monde
   ❑ Les adolescents
   ❑ Les enfants

4. Le prix inclut :
   ❑ les activités sportives, les activités de loisirs et les cours.
   ❑ les cours, le voyage, les activités sportives et de loisirs.
   ❑ les repas, les cours, les activités (sport et loisirs) et le voyage.

5. Quand le stage a-t-il lieu ?
   _____

6. Où a-t-il lieu ?
   _____

7. Combien de temps dure le stage ?
   _____

b) Ihr habt Lust dort hinzufahren, aber nicht alleine. Ihr klopft an die Tür eures besten Freundes / eurer besten Freundin. Niemand ist da. Hinterlasst eine kurze Nachricht und schiebt sie unter die Tür. Bittet ihn/sie, nach ihrer Rückkehr bei euch vorbeizukommen. Beachte: Eure Mitteilung darf nicht länger als 80 Wörter sein.

Mündlicher Ausdruck

3 MIT HILFE DES SCHRIFTLICHEN AUSDRUCKS DEN MÜNDLICHEN AUSDRUCK TRAINIEREN

In einer mündlichen Prüfung müsst ihr auf alle Einzelheiten achten. Um zu trainieren, lesen wir die Sätze durch und beobachten, welche Aspekte in den Fragen angesprochen werden und wo Fallen stecken.

ACTIVITÉ 1 Réalités 4, Dossier 1

Setzt in der folgenden Liste ein Kreuz vor die Sätze, die Verhaltensweisen ausdrücken, die nicht korrekt erscheinen. Begründet in jedem Fall eure Antwort.

❏ Remercier lorsqu'on reçoit un cadeau.
Argumentez : *C'est une manière de montrer que ça fait plaisir.*

Jetzt seid ihr dran!

1. ❏ Laisser sa place dans le bus à un homme âgé.
   Argumentez : ....

2. ❏ Essayer d'entrer le premier à la cantine lorsqu'on a très faim.
   Argumentez : ....

3. ❏ Rendre au bout de 48 heures le livre qu'on a emprunté à la bibliothèque pour quinze jours.
   Argumentez : ....

4. ❏ Regarder discrètement sur la copie de son voisin pendant un devoir de contrôle.
   Argumentez : ....

5. ❏ Déposer devant la porte du secrétariat un objet trouvé dans la cour du collège.
   Argumentez : ....

6. ❏ Accepter de faire le devoir d'un ami parce qu'il n'a pas envie de le faire.
   Argumentez : ....

7. ❏ Inviter au cinéma un camarade et, au dernier moment, lui dire que vous n'avez pas envie de voir le film avec lui.
   Argumentez : ....

I. ARBEITSMETHODEN

Schriftlicher Ausdruck

 Trainieren wir Sätze, die für den schriftlichen und mündlichen Gebrauch nützlich sind, um auszudrücken, was man macht, was man sieht, was man will, was man denkt und was man empfindet.

Hilfestellungen

Hier sind einige Beispiele:

Sagen, was man macht: Le matin, je me lève à 7 h. Je fais ma toilette et je prends mon petit-déjeuner.

Sagen, was man sieht: De ma fenêtre, je vois la place du village et l'église. Il y a aussi une boulangerie, une épicerie et un café. L'été, le café installe des tables sur le trottoir, sous les arbres.

Sagen, was man will: Plus tard, je veux étudier la médecine. Je veux être chirurgien et me spécialiser dans les opérations du cœur.

Sagen, was man denkt: Ce village est pittoresque. J'aime les vieilles pierres, les maisons anciennes, les endroits qui ont une histoire. Il est important de respecter le passé.

Sagen, was man empfindet: Ce film était passionnant. Dès la première scène, j'étais au fond de mon siège, totalement dans l'action. Le suspense était extraordinaire.

 Ihr seid dran!

 ACTIVITÉ 2   Réalités 4, Dossier 1

Überlegt einige Augenblicke und findet Beispiele, die die Situation in dem Augenblick veranschaulichen, wo ihr diese Übung macht:

Ce que je vois : _____
Ce que je veux : _____
Ce que je pense : _____
Ce que je ressens : _____

 ACTIVITÉ 3   Réalités 4, Dossier 2/1

An Ideen mangelt es nicht, aber ihr müsst manchmal zögern, wenn ihr sie aufschreiben müsst.

Überprüfen wir zusammen einige Schlüsselbegriffe. Bringt mit Hilfe von Pfeilen jede der Sätze in die richtige Reihenfolge:

Ce	poids	j'irai au bord de la mer.
Cet	arbre	est lourd.
Cet	pull	va être scié.
Cette	hommes	existe aussi en vert.
Cet	été	est angoissante.
Ces	homme	sont fous.
Ce	situation	parle français.

Schriftlicher Ausdruck

ACTIVITÉ 4 — Réalités 4, Dossier 3/1

Hier sind acht Satzreihen. Bildet wie in Aufgabe 2 mit Hilfe von Pfeilen zusammenhängende Sätze.

Série 1

Il y a	je le reverrai	abandonner.
Quand	des jours	comme ça, où tout va mal.
Lorsque	que l'on	se trompe.
Parfois	j'aurai	je lui rendrai son livre.
Il arrive	on doit	18 ans, j'irai à Paris.

Série 2

Ma mère	ont organisé	une fête pour son anniversaire.
Sa mère	me réveille	si tu rentres tard ?
Ses copains	seront d'accord	tous les matins.
Tes parents	lui donne toujours	la plus forte de sa classe ?
Ta sœur	est vraiment	de l'argent de poche.

Série 3

Mon livre d'histoire	est	sous le poids des livres.
Ton livre d'espagnol	a commencé	par leur faire la morale.
Son cartable	a aussi servi	toujours les chercher.
Leur prof	viennent	dans un état lamentable.
Leurs parents	a craqué	à mon frère.

Série 4

Beaucoup d'élèves	pensent	d'être interrogés au tableau.
Plus de temps libre	aiment	du bien.
Trop de filles	ont peur	jouer au football.
Trop peu de filles	me ferait	qu'elles sont plus intelligente.
		que les garçons.

Série 5

Qui	est-ce que nous aurons	le nom de la capitale de la France ?
Que	peut me dire	aller chercher le billet d'entrée ?
Quand	faire	l'a-t-il découvert ?
Où	le professeur	les résultats ?
Comment	faut-il	en cas d'alerte incendie ?

Série 6

Il faut	que le prof nous donnera	dans la classe supérieure.
Je pense	savoir	informatique en option.
Tu crois	que je ne prendrai pas	de rentrer à la maison.
Je voudrais	passer	si la piscine est ouverte après 18h.
Il souhaiterait	que je me dépêche	du travail ?

Schriftlicher Ausdruck

Série 7

Je me	fais	pour copier sur moi.
Tu te	partageons	s'il y aura cours aujourd'hui.
Il se	demande	la main et c'est fini.
Nous nous	donné	le travail, si tu veux bien.
Vous vous	retourne	rendez-vous en salle 12.
Ils se sont	serrez	toujours remarquer par le professeur d'anglais.

Série 8

Je la	regardes	toujours plus de questions.
Tu le	attendons	d'apporter la musique.
Il nous	trouve	à 5 heures chez Léon.
Nous vous	posent	qu'il ne pouvait pas venir.
Vous nous	a dit	super !
Ils leur	avez promis	comme si c'était un Martien !

 ACTIVITÉ 5 Réalités 4, Dossier 4

Dieses Mal arbeiten wir mit Wörtern, die in das Zentrum des Satzes gestellt sind.

Série 1

Cet après-midi	j'ai	math et géo.
Je vais attendre ici	mais	maman doit venir me chercher.
Nous pourrons	car	j'ai peu d'espoir.
J'aimerais y aller	j'ai aussi	rendre nos devoirs à temps.
En plus des cahiers	ainsi	besoin de crayons.

Série 2

Il paraît qu'il y a	plus	de neige que l'année dernière.
Nous avons	autant	mauvaise élève.
Sa meilleure copine est	moins	de garçons que de filles.
Je pense qu'il y a	la plus	grande de ta classe.
Tu es	la plus	de choix que ce que je pensais.

Série 3

Je suis petite	parce que	j'ai raté mon bus.
Je dois manger du sucre	pour	je dois être devant.
Je suis en retard	donc	retrouver de l'énergie.

4 DEN SCHRIFTLICHEN AUSDRUCK TRAINIEREN

Ihr müsst fähig sein

euch schriftlich auszudrücken.

 Der persönliche Brief

Wem schreibt man einen persönlichen Brief? An irgendein Mitglied seiner Familie oder an Freunde.

Wann schreibt man einen persönlichen Brief? Wenn man in Ferien ist, wenn man weit weg ist, wenn man etwas vorzuschlagen oder zu fragen hat oder wenn man sich bedanken will, usw.

 ACTIVITÉ 1 Réalités 3, Unité 2

Erinnert euch, wann, an wen und warum ihr einen Brief im vergangenen Jahr geschrieben habt.

LETTRE 1
Quand : .... À qui : ....
Pourquoi : ....

LETTRE 2
Quand : .... À qui : ....
Pourquoi : ....

LETTRE 3
Quand : .... À qui : ....
Pourquoi : ....

Erinnert euch, welche Form ihr gewählt habt:
Avez-vous écrit le nom de la ville où vous étiez ? Si oui, où l'avez-vous placé ?
....

Welche Formulierung habt ihr gewählt, um euch an den Adressaten eures Briefes / eurer Briefe zu wenden. z. B.: *Cher Lucien, Ma petite mamie,*
....

Wie habt ihr euren Brief beendet, bevor ihr ihn unterschrieben habt? z. B.: *Bises*
....

Wie habt ihr ihn unterschrieben?
❏ Par votre prénom ?
❏ Par un diminutif ; si oui, lequel ? ....
❏ Par un dessin ; si oui, qu'avez-vous dessiné ? ....

Wo unterzeichnet ihr normalerweise?
❏ à gauche   ❏ au centre   ❏ à droite

Warum schreibt ihr im allgemeinen eure Briefe, indem ihr die verschieden Elemente an bestimmte Stellen setzt? Woran und an wen nehmt ihr euch ein Beispiel?

Schlussfolgerung: Selbst wenn man einen persönlichen Brief schreibt, ist es wichtig die Regeln der Präsentation und die Pflichtangaben zu kennen.

Schriftlicher Ausdruck

I. ARBEITSMETHODEN

Hier findet ihr ein Modell für einen persönlichen Brief. Beobachtet gut die Anordnung und die absolut notwendigen Angaben, die fett gedruckt sind:

① Ort und Datum
② Anrede
③ Abschiedsformel
④ Unterschrift

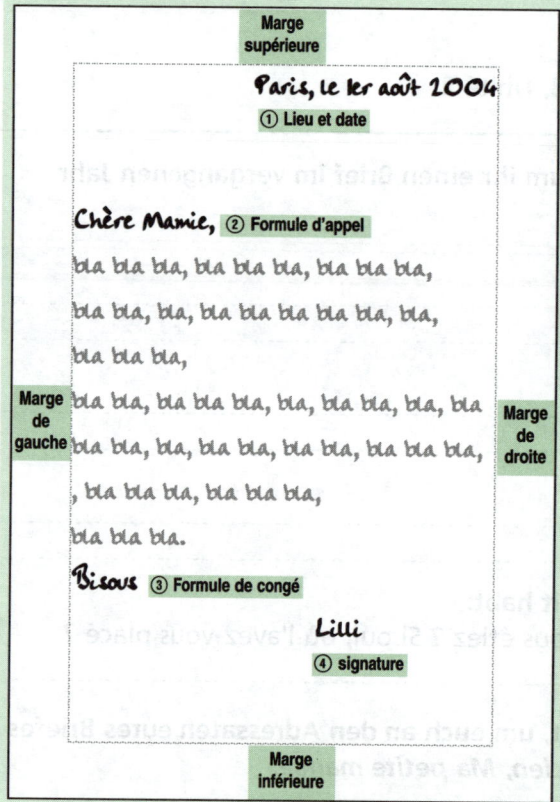

Euch fallen vielleicht die Bezeichnungen „Begrüßungs- und Abschiedsformeln" auf, aber keine Angst! Ihr kennt diese Bezeichnungen vielleicht so nicht, aber die übliche Form eines Briefes ist euch sicher vertraut.

 Sehr wichtiger Hinweis:
Vergeßt nicht, oben, unten, links und rechts einen Rand zu lassen!

Hier nun die Regeln für die absolut notwendigen Angaben.
Seht euch das Modell nochmals an, um besser zu verstehen, was erklärt wird:

1. Wo stehen Ort und Datum?

• zunächst oben, von der Mitte des Blattes ausgehend oder weiter rechts

• der Ort (das heißt die Stadt oder das Dorf, in der ihr wohnt) fängt immer mit Großbuchstaben an (Paris);

• hinter dem Ort steht immer ein Komma (Paris,);

• der Monatsname zeigt immer einige Besonderheiten: der erste Tag (le 1ᵉʳ); die neun folgenden Tage (zum Beispiel le 02 oder le 08). Danach gibt es kein Problem mehr (zum Beispiel le 11, le 20, le 31);

• der Monatsname wird vollständig klein geschrieben (août);

• das Jahr wird immer angegeben (2004).

2. Wo stehen Anrede oder Briefanfang?

Am linken Rand, mit oder ohne Einschub am Rand, oberhalb der ersten Zeile eures Briefes. Ihr könnt verschiedene Formulierungen gebrauchen. Hier sind einige Beispiele, die Ihr verwenden könnt, wenn ihr an ein Mädchen schreiben wollt, das Laurie heißt.

Chère Laurie,
Ma chère Laurie,
Ma très chère Laurie,
Ma petite Laurie,
Mon scarabée,
Ma petite biche,

Ihr müsst immer dahinter ein Komma setzen.

Schriftlicher Ausdruck

I. ARBEITSMETHODEN

3. Wo stehen Abschiedsformel oder Briefende?

Wenn ihr die Anredeformel an den linken Rand gesetzt habt, setzt die Abschiedsformel in einer Linie unterhalb an den linken Rand. Wenn ihr euch entschieden habt weiter rechts vom Rand aus zu beginnen, macht dies genauso für die Abschiedsformel. So könnt ihr euren persönlichen Brief beenden:

Je t'embrasse,
Je t'embrasse très fort,
Je t'embrasse affectueusement,
Gros baisers,   *Grosses bises,*
Bises,   *Bisous,*

4. Wo steht die Unterschrift?

In einer Linie unterhalb der Ortsangabe. Wenn der Ort (gefolgt vom Datum) in der Mitte der Seite steht, setzt eure Unterschrift in die Mitte der Seite. Wenn er etwas weiter rechts steht, setzt eure Unterschrift etwas rechts von der Mitte.
Achtet darauf die Unterschrift von der letzten Zeile eures Briefes abzusetzen. Lasst also ein bis zwei Zeilen frei.

Je vous embrasse,

Laurie

 Jetzt seid ihr dran!

 ACTIVITÉ 2   Réalités 3, Unité 2

Hier nun ein Brief, in dem die absolut notwendigen Angaben fehlen. Setzt sie an die richtige Stelle:

Chère Krystyna, • Je t'embrasse • Quiberon, le 07 août 2004 • Romain

blabla blabla blabla blabla blabla blabla blabla blabla blabla blabla blabla blabla blabla blabla blabla blabla blabla blabla blabla blabla
blabla blabla

Schriftlicher Ausdruck

 **ACTIVITÉ 3** Réalités 3, Unité 2

Ihr sitzt draußen und schreibt einen Brief an einen Freund / eine Freundin. Es beginnt zu regnen. Der Regen wischt bestimmte Wörter eures Briefes aus.

Tragt in den folgenden Brief die angegebenen Wörter ein. Beachte: Einige Wörter können mehrmals stehen.

sportifs • l'eau • tu fais • nouvelles • plage • juillet • cousins • froide • Bretagne • plaisir • vacances • la montagne • une carte postale

---

Saint-Malo, le 20 juillet 2004

Salut Linda,

Il y a trois semaines que je n'ai pas eu de tes .... Je me demande ce que tu fais pendant ce mois de ....
Mes .... se passent bien. Mes deux .... de Lyon sont arrivés avant-hier. Ils sont très ...., comme moi, et nous faisons de belles promenades. J'adore la .... C'est une région pittoresque. Est-ce que tu es venue dans ce coin de France ?
Nous allons chaque matin à la .... Nous jouons aux boules sur le sable et nous nous baignons même si .... est parfois ....
Je sais que toi tu adores .... alors je pense que tu es contente d'être en Auvergne, dans le Cantal.
Raconte-moi ce que ...., et envoie-moi .... ; cela me fera très ....
A bientôt, j'espère.
Je t'embrasse,

Caroline

Geht nicht sofort zur nächsten Übung über. Was haltet ihr von diesem Brief? Was könnt ihr sagen über:
• den Ton (die Stimmung)?
• den Stil?
• das Thema?

Ein persönlicher Brief muss lebendig sein. Er spricht Tatsachen an, die sehr einfach sind. Vergesst nie, dass ihr mit einem persönlichen Brief etwas sehr Persönliches verschickt, einen liebevollen Gedanken, ein Lächeln.

Schriftlicher Ausdruck

ACTIVITÉ 4 — Réalités 4, Dossier 2/1

Beachte: Wenn die Form auch wichtig ist, so ist der Inhalt, den ihr darstellt, es noch umso mehr. Wir haben gerade vom Stil gesprochen. Einen guten Stil zu haben, das ist gut, aber ihr müsst auch sprachlich richtig schreiben. Beachte: Es gibt zahlreiche Fehlerquellen. Denkt nicht nur an die Rechtschreibung oder an die Grammatik. Ihr solltet ebenso auf die Zeichensetzung achten.

Ihr habt auf eurem Computer einen Brief an euren Freund Paul verfaßt, aber die Zeichensetzung und Großschreibung sind verschwunden. Stellt sie wieder her.

> cher paul
> je suis arrivé il y a trois jours à paris il fait un temps horrible je voudrais bien me promener dans les rues mais à cause de ce temps nous ne sommes pas beaucoup sortis j'ai téléphoné à claire elle est super cette fille je l'ai invitée à venir passer la journée de samedi avec moi nous irons au zoo de vincennes s'il fait beau
> je t'envoie de gros baisers
> camille

ACTIVITÉ 5 — Réalités 4, Dossier 2/1

Vervollständigt die Briefe.

Lest zuerst den ganzen Brief. Stellt euch, ausgehend von der vorgegebenen Idee, den Text des Abschnittes vor, der fehlt. Die goldene Regel ist: Tragt einfache Wörter, einen Satz oder einen Abschnitt in den Brief ein.

- Lettre 1 : la maladie

> *Paris, le 03 mai 2004*
>
> Cher Armand
> Tu dois être surpris de ne pas avoir reçu de lettre de moi plus tôt.
>
> ----
> ----
>
> C'est donc pour cette raison que je ne t'ai pas écrit avant. Mais maintenant tout va mieux. Je reprends des forces.
> Bon courage pour préparer ton examen de français : tout ira bien, tu verras...
> Amicalement.
>
> *Pierre-Jean*

Schriftlicher Ausdruck

- **Lettre 2 : activités proposées : informatique, skate-board**

Barcelone, dimanche 8 juin 2004

Très chère Laurie,
Ta lettre m'a fait très plaisir. Je suis vraiment désolé mais je n'ai pas encore pu t'envoyer les informations sur les activités proposées pendant le stage. Je pense qu'il n'est pas trop tard.

A bientôt. J'attends avec impatience ton arrivée. Plus qu'une semaine !
Je t'embrasse.

Arnaud

- **Lettre 3 : idées de cadeau : un puzzle géant avec des chats ou des chevaux**

Cholet, le 26 juin 2004

Chère Mamie,
Merci de me demander ce que je veux comme cadeau d'anniversaire

------

mais surtout, ne t'inquiète pas si tu ne trouves pas ce que je te demande. Offre-moi ce que tu veux.
Merci, merci, merci !
Gros bisous.

Laurie

Schriftlicher Ausdruck

- **Lettre 4 : la rencontre**

> Marseille, 18 juillet 2004
>
> Mon cher Cyril,
> Ah, si tu savais ce qui m'est arrivé, il y a quelques jours.
>
> _____
>
> _____
>
> Depuis nous ne nous quittons plus. J'ai hâte que tu fasses sa connaissance.
> Je t'envoie un gros bisou.
>
> Marian

 ACTIVITÉ 6 Réalités 4, Méthodes et stratégies

Lasst uns jetzt etwas näher analysieren, wie man einen persönlichen Brief enden lässt.

Versucht wieder herauszufinden, an wen ein Brief adressiert ist, der mit dem Satz der linken Spalte endet. Verbindet die Sätze mit seinem Adressaten in der rechten Spalte.

An wen sind die folgenden Höflichkeitsformeln adressiert?

• Je vous prie d'agréer, Monsieur, mes respectueuses salutations.	• au directeur d'un office de tourisme
• Je vous embrasse affectueusement.	• à une amie
• Je t'adresse mes affectueuses pensées.	• à des parents
• Bien amicalement à vous tous.	• à des camarades de classe
• Avec mes remerciements pour votre compréhension, je vous prie d'agréer mes respectueuses salutations.	• à une personne de la famille
• Avec toute ma sympathie je t'adresse mes cordiales salutations.	• au directeur de votre école

Wählt einen der Briefe aus und schreibt ihn:

- Ihr schreibt an eine Lieblingsängerin / einen Lieblingsänger, damit er euch ein Photo mit Widmung schickt.
- Ihr seid in Ferien, weit von euren Eltern weg. Schreibt ihnen, um ihnen Neuigkeiten mitzuteilen.
- Ihr habt euch kurz vor den Ferien mit eurem besten Freund / eurer besten Freundin verkracht. Ihr seht sie erst in einem Monat wieder. Schreibt ihm/ihr, um Frieden zu schließen.

Schriftlicher Ausdruck

 E-Mail

Wenn ihr noch keine Erfahrungen mit E-Mails habt, so wird sich dies bald ändern. Das Internet ist überall: zu Hause, in der Schule, bei der Arbeit. Woran erinnert euch eine E-Mail auf dem Bildschirm? Habt ihr schon mal eine gesehen? Sendet ihr E-Mails? In welchem Ton schreibt man an einen Freund oder jemanden aus seiner Familie? Tatsächlich ersetzen elektronische Nachrichten Briefe und regen zum Schreiben an.

 ACTIVITÉ 7 Réalités 3, Unité 2

Wenn ihr E-Mails sendet, erinnert euch wann, an wen und warum ihr die letzten E-Mails verschickt habt.

Message 1
Quand ? _____ À qui ? _____
Pourquoi ? _____

Message 2
Quand ? _____ À qui ? _____
Pourquoi ? _____

Message 3
Quand ? _____ À qui ? _____
Pourquoi ? _____

Also, sehen wir zuerst nach, wie sie aussehen:

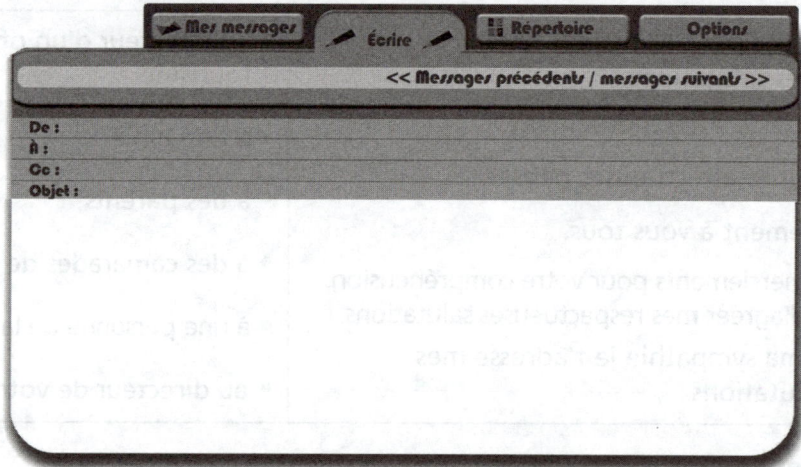

Wenn ihr ein Handy benutzt, erinnert euch, wann, an wen und warum ihr eure letzte SMS gesendet habt.

Quand ? _____
À qui ? _____
Pourquoi ? _____

Schriftlicher Ausdruck

☞ *Trainieren wir die schriftliche Ausdrucksfähigkeit, phantasieren und argumentieren wir*

Es ist unbedingt nötig Phantasie im Leben zu haben. Dies ist auch sehr nützlich, wenn man eine Französisch-Prüfung ablegt. Man schlägt immer Themen vor, die einen verpflichten, sich in eine Situation hineinzuversetzen oder auf ein Thema zu reagieren. Aber mehr noch. Man braucht Phantasie. Man muss auch eigene Ideen zu Themen entwickeln können, an die man vielleicht vorher nicht gedacht hat. Schließlich muss man seinen Standpunkt verteidigen und fähig sein zu argumentieren. Man muss also überzeugen können.

ACTIVITÉ 8 Réalités 3, Unité 6

Eine Phantasiereise machen

Reisen lassen euch träumen. Ordnet jedem Buchstaben des französischen Alphabets ein Wort zu, dass ihr mit einem Ort, einem Nahrungsmittel, einem Gegenstand assoziert und das in Verbindung steht mit der Reise, eurem eigenen Land oder einem fremden Land. Zögert nicht, die Art und Weise, wie ihr eure Sätze enden lasst, zu variieren.

Beispiel:
A comme Andalousie, parce que j'aime l'Espagne.
A comme abricot, parce que c'est mon fruit préféré.
A comme avion, parce que ça me fait penser aux voyages.
B comme Bermudes, c'est mystérieux.
B comme baguette, ce pain français si bon au petit-déjeuner.
B comme bermuda, mon vêtement préféré l'été.

Jetzt seid ihr dran, mit C, D und allen Buchstaben des Alphabets.

! Wenn man euch darum bittet einen Text oder einen Brief zu schreiben, gibt man euch fast immer eine maximale Wortzahl vor. Achtet auf diesen Hinweis, denn, wenn ihr zu viel oder zu wenig schreibt, riskiert ihr Punkte zu verlieren. Aber, um die geforderte Länge einzuhalten, muss man vor allem über eine sichere Technik verfügen Wörter zu zählen.

Hier Grundregeln zum Wörterzählen:

Man beachte allgemein, dass ...
– kleine Wörter (Artikel, Konjunktionen, Pronomen) als ein Wort zählen,
– Daten (1515, 1789) als ein Wort zählen; die Zahlen ab 1000 (1001, 12 000, 150 000) als zwei oder mehrere Wörter zählen (1 500 350 = 3 Wörter),
– zusammengesetzte Wörter, die so auch im Wörterbuch aufgeführt sind, als ein Wort zählen,
– Wörter, vor denen ein Artikel steht wie *l'* (*l'histoire*) oder eine Präposition wie *d'* (*d'abord*), als ein Wort zählen[1],
– Eigennamen wie Jean de la Fontaine als vier Wörter, Charles de Gaulle als drei Wörter zählen,
– nur Satzzeichen sollen nicht gezählt werden.

1. Zählweise, die allgemein bei Prüfungen in Frankreich gilt.

Schriftlicher Ausdruck

> **!** **Wie gibt man die Anzahl der Wörter auf der Seite an?**
>
> Auf Eurem Blatt müsst Ihr immer die Anzahl der gebrauchten Wörter angeben. Zwei Techniken werden eingesetzt:
> – Entweder gebt Ihr nach jedem Abschnitt die Gesamtzahl der Wörter an, was Euch erlaubt die Progression zu verfolgen;
> – oder Ihr gebt nach jedem Abschnitt, in Klammern, die Anzahl der Wörter pro Abschnitt an und dahinter in Doppelklammern die Gesamtzahl der Wörter.
>
> Die Gesamtzahl der Wörter muss immer am Ende der Aufgabe auftauchen.

 Ihr seid dran!

 ACTIVITÉ 9   Réalités 3, Unité 1

Zählt die Wörter der folgenden Sätze!

1. Sur l'ardoise d'un écolier, on voit l'alphabet français qui comporte vingt-six lettres. ☐
2. Mon numéro est le 06 34 43 33 44. ☐
3. Aujourd'hui, l'interrogation de français est facile. ☐
4. J'ai rencontré Patrick à la sortie du collège. ☐
5. On peut se voir n'importe où, dit-il en l'observant avec sympathie. ☐
6. 138 îles forment l'archipel du Vanuatu. ☐
7. S'ils m'invitent à la campagne, j'accepterai l'invitation. ☐
8. 8 061 adultes, soit 5 % suivent ou ont suivi une psychothérapie. ☐
9. L'hiver, ils vont au ski. ☐
10. Napoléon Bonaparte est né le 15 août 1769 à Ajaccio. ☐

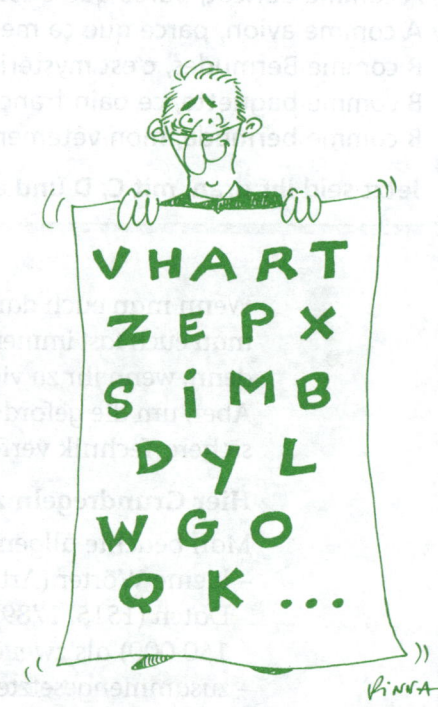

Schreibt einen Satz mit 5, 10 oder 20 Wörtern auf ein Stück Papier. Übergebt es einem Mitschüler, der die Wortzahl überprüft.

Mündlicher Ausdruck

5 DEN MÜNDLICHEN AUSDRUCK TRAINIEREN

Ihr müsst fähig sein,

▶ euch im Mündlichen auszudrücken, indem ihr zusammenhängend über ein Thema sprecht, das zur Beschreibung von Sachverhalten anregt, und mit der Jury ein Gespräch zu führen,

▶ euch mündlich auszudrücken, indem ihr zusammenhängend über ein Thema sprecht, das euch anregt eure Meinung, euren Standpunkt, eure Gefühle auszudrücken und euch mit der Jury zu unterhalten.

Hilfestellung

Als Kind hat euch eine Erzählung (ein Märchen) besonders gefallen. Welche? Versucht den Anfang oder das Ende zu erzählen.

Arbeitsschritte:
1. Erinnert euch zuerst an die wichtigste Elemente des Anfangs und schreibt die Schlüsselwörter auf: zum Beispiel bei „Schneewittchen": Schloss, Königin, Spiegel, vergifteter Apfel, sieben Zwerge, Wald, Prinz.
2. Notiert euch nur die Wörter, die ihr gebraucht, um den Anfang und/oder das Ende zu erzählen.
3. Stellt euch im Geiste die Sätze vor, die die Geschichte zusammenfassen.
4. Erzählt nun die Geschichte.

Ihr seid dran!

ACTIVITÉ 1 Réalités 3, Unité 4

Unter den Figuren der bekannten Märchen in Frankreich findet man Däumling, Schneewittchen, Dornröschen, Rotkäppchen.

Wählt eine Figur eines Märchens aus, die in eurem Land bekannt ist. Beschreibt diese Figur, ohne ihren Namen zu verraten. Die anderen müssen ausgehend von der Beschreibung erraten, um welche Figur es sich handelt.

ACTIVITÉ 2 Réalités 3, Unité 4

Ihr seid bei eurem Brieffreund. Um seiner kleinen Schwester Freude zu bereiten, erfindet und erzählt ihr eine sehr kurze Geschichte, mit maximal 7 bis 10 Sätzen.

ACTIVITÉ 3 Réalités 3, Unité 4

Liebt ihr alte Geschichten? Mögt ihr sie heute noch? Erklärt warum.

Mündlicher Ausdruck

 ACTIVITÉ 4 Réalités 3, Unité 4

Man kann euch bitten, ausgehend von verschiedenen Situationen zu beschreiben und zu argumentieren.

A. Wählt eine der Folgen von Zeichnungen von Pinna aus (zur Auswahl stehen: *Le renard et le raisin, Le bœuf et la grenouille, Le corbeau et le renard*). Beschreibt, was ihr seht. Stellt euch vor, was die „Tierperson" denkt.

- **Le renard et le raisin**

- **Le bœuf et la grenouille**

Mündlicher Ausdruck

- Le corbeau et le renard

B. In Zweiergruppen!
La cigale et la fourmi ist der Titel einer Fabel von La Fontaine. Beschreibt die beiden Figuren.
Es ist Winter: Die Grille hat nichts zu essen. Sie geht zur Ameise und versucht, ein wenig Nahrung zu erhalten. Die Ameise gibt ihr keine. Stellt euch vor, was sie zueinander sagen.

Mündlicher Ausdruck

 ACTIVITÉ 5 Réalités 4, Dossier 2/1

Der Dialog

 Trainieren wir die Fragen und die Antworten.

In der mündlichen Prüfung könnt ihr einzeln ohne Unterbrechung sprechen, dann auf Fragen antworten, die euch die Jury stellt. Man muss einfach, genau und spontan antworten und dabei Fehler vermeiden.

Verbindet die Fragen und Antworten durch Pfeile.

1. Pouvez-vous me dire à quelle heure a eu lieu l'éclipse ?	**A.** Nous irons certainement dans les Alpes faire du ski.
2. Pourquoi a-t-il fallu l'abandonner ?	**B.** Il est en cuir rouge avec des boucles et de nombreuses poches.
3. Tu aimes le chanteur Florent Pagny ?	**C.** Il s'agit de Saint-Exupéry, l'auteur du Petit prince.
4. Quelle est votre activité préférée ?	**D.** C'était un vieux T-shirt, tout déchiré.
5. Qu'est-ce qui t'a plu dans ce livre d'Amélie Nothomb ?	**E.** Oui, pour moi c'est le meilleur chanteur du moment.
6. Peux-tu me décrire le sac que tu as acheté ?	**F.** Je vais très souvent au cinéma.
7. De quel écrivain aviateur parle-t-on ?	**G.** Je pense que c'est l'originalité de l'histoire.
8. Où passeras-tu les vacances d'hiver avec ta famille ?	**H.** Il va être quinze heures.

II. ENTRAÎNEMENT

⮧ L'école, les examens .... *p. 36*

⮧ Les loisirs .... *p. 47*

⮧ Les goûts .... *p. 75*

L'école, les examens

La vie à l'école occupe la plus grande partie de votre journée. Elle est faite de contraintes[1] : aller en cours, faire ses devoirs, subir des contrôles, être interrogé… Mais elle comprend aussi beaucoup de joies : vous vous faites des amis pour la vie, vous découvrez des matières, des activités, vous évoluez ! Pour vous aider à vous entraîner, nous avons essayé de recréer votre univers quotidien[2].

1 la contrainte : der Zwang 2 l'univers quotidien f. : die Alltagswelt

 ACTIVITÉ 1 Réalités 3, Unité 5 – Réalités 4, Dossier 4/2

Compréhension écrite

A) Lisez cette lettre écrite par une adolescente et publiée en première page du journal de l'école dans lequel elle propose régulièrement des articles :

> Paris, le 03 mars 2004
>
> Chers amis,
> Aujourd'hui, je me décide à vous écrire parce que je suis scandalisée par ce qui se passe au collège.
> Nous avons tous vu les graffiti sur les murs. Depuis Noël, c'est pire. Il y en a partout. La semaine dernière, deux élèves ont été envoyés en permanence[1] parce qu'ils écrivaient sur les tables.
> Nous avons tous envie d'étudier dans un cadre agréable. Notre collège est neuf et bien équipé. Je trouve que nous avons beaucoup de chance. Je suis choquée par ces dessins qu'on fait n'importe où. Il y a d'autres moyens de s'exprimer : dans notre journal par exemple.
> Je vous propose de prendre des éponges et de nettoyer tout ça avant qu'on nous y oblige !
> Il y a quelques jours, j'ai emprunté un livre à la bibliothèque dont les dernières pages ont été arrachées et je n'ai pas pu terminer la lecture. Ça m'a vraiment énervée ! C'est pourquoi je vous demande de réfléchir à ma petite lettre de mauvaise humeur : nous ne sommes pas des sauvages et nous avons tous intérêt à vivre dans notre collège en respectant le règlement. En espérant que vous partagez mes idées, je vous souhaite une bonne fin de trimestre et attends vos suggestions.
>
> Marie

1 il s'agit de la salle dans laquelle les élèves peuvent s'installer pour travailler lorsqu'ils ont une heure de libre dans la journée.

B) Lisez les affirmations[1] suivantes. Justifiez[2] et argumentez.

1. Marie signale une situation nouvelle.
   – ....

2. Marie veut que le directeur punisse les coupables, auteurs de graffiti.
   – ....

3. Il faut que chacun se sente responsable.
   – ....

4. Il faut inventer un nouveau règlement parce que le règlement intérieur n'est pas satisfaisant.
   – ....

5. Il y a des élèves qui se comportent mal.
   – ....

6. Marie juge sévèrement les auteurs de ces dégradations.
   – ....

7. Marie regrette d'être la seule à avoir ce point de vue sur la situation.
   – ....

[1] l'affirmation *f.* : die Behauptung [2] justifier : rechtfertigen

ACTIVITÉ 2 — Compréhension écrite

Répondez à l'aide d'une croix dans la colonne VRAI / FAUX et justifiez[1] votre réponse dans la dernière colonne.

AFFIRMATIONS	VRAI	FAUX	JUSTIFICATION
Marie n'a pas hésité à écrire cette lettre.			
Marie est choquée par l'attitude de certains de ses camarades.			
Elle aime la propreté.			
Elle pense que les élèves ne devraient pas avoir le droit de s'exprimer.			
Deux élèves ont été renvoyés.			
L'école est ancienne.			
Marie demande à ses camarades d'écrire un nouveau règlement.			
Marie se moque d'être la seule à penser de cette manière.			

[1] justifier : rechtfertigen

II. ENTRAÎNEMENT

ACTIVITÉ 3 — Expression écrite

Vous trouvez que Marie a raison. À votre tour, avec vos propres mots, vous écrivez à votre correspondante française pour lui parler des problèmes exposés[1] par Marie dans sa lettre au journal du collège.

Le texte de votre lettre commencera ainsi : « Marie est une élève de ma classe. Elle a publié une lettre dans le journal du collège. Elle dit… » (60–80 mots)

1 exposer : darstellen

ACTIVITÉ 4 — Décompte des mots et compréhension écrite

Avant de continuer, nous vous proposons de faire un exercice. Comptez les mots du texte qui suit et comparez votre résultat avec celui de vos camarades. Profitons-en aussi pour vérifier que vous avez compris le texte en question.

Lisez cette page du journal intime de Marie et comptez-en les mots.

> Hervé de Polignac est arrivé dans notre collège après Noël. Il ne parle presque pas.
> Je me demande si c'est parce qu'il est très timide ou parce qu'il est snob ?
> J'ai découvert aujourd'hui qu'il est né le 02 mai 1989, comme moi !
> Il a dit qu'il allait passer les vacances d'été, au Portugal, où ses parents ont une maison. J'aimerais bien qu'il m'invite !

Combien en trouvez-vous ? _____

	VRAI	FAUX	JUSTIFICATION
1. Hervé de Polignac est arrivé dans le collège de Marie depuis Noël.			
2. Il est muet.			
3. Il est peut-être timide.			
4. Il a le même âge que Marie.			
5. Marie voudrait simplement lui parler.			

ACTIVITÉ 5 — Expression écrite Réalités 3, Unité 5/1

Comme Marie, vous écrivez une lettre à vos camarades, dans le journal de votre école. Vous évoquez[1] un événement[2] particulier qui vous a particulièrement touché(e), ému(e)[3], plu ou déplu, concernant la vie de l'établissement[4], de votre rue, de votre quartier ou de votre ville.
N'oubliez pas de dater et de signer votre lettre. (80–100 mots)

1 évoquer : in Erinnerung / ins Gedächtnis rufen 2 l'événement *m.* : das Ereignis
3 ému : bewegt, erregt 4 l'établissement *m.* : *ici:* école

ACTIVITÉ 6 — Expression écrite Réalités 3, Unité 2/3

Un(e) de vos camarades, malade, n'est pas venu(e) à l'école aujourd'hui. Vous lui envoyez un message électronique pour prendre de ses nouvelles et lui donner quelques informations sur la journée au collège. (80–100 mots)

ACTIVITÉ 7 — Expression écrite Réalités 4, Dossier 4/2

Un(e) de vos ami(e)s a déménagé et a quitté le collège définitivement. Vous lui envoyez une lettre à sa nouvelle adresse pour prendre de ses nouvelles et lui souhaiter bonne chance. (60–80 mots)

ACTIVITÉ 8 — Expression écrite Réalités 3, Unité 3/1

Travailler à deux, c'est mieux !
Deux jours avant votre examen de français, vous invitez un copain à réviser[1] avec vous. Vous lui envoyez un message électronique. (50–60 mots)

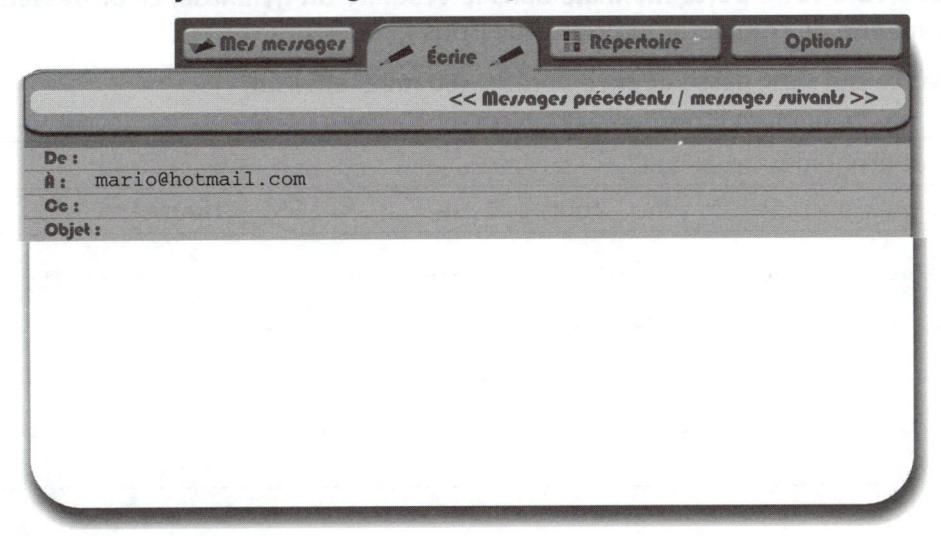

```
Mes messages    Écrire    Répertoire    Options
                    << Messages précédents / messages suivants >>
De :
À :    mario@hotmail.com
Cc :
Objet :
```

1 réviser : nochmals durchsehen

ACTIVITÉ 9   Expression écrite   Réalités 3, Unité 1

Vous venez de lire ce message sur le panneau d'affichage[1] de votre collège :

Santiago, le 7 juillet 2004

Bonjour,

Je suis élève dans une école secondaire à Santiago, capitale du Chili. J'apprends le français depuis deux ans, et je cherche un correspondant (j'ai 13 ans) avec qui échanger des messages par courrier électronique... en français.

J'aime la musique, le sport et le cinéma.

Si tu as entre 13 et 16 ans et les mêmes goûts que moi, tu peux m'écrire à ramon.hernandez@chilecores.com

J'attends ta réponse,

Salut,

Ramón Hernandez

Vous cherchez justement un correspondant en Amérique latine. Vous répondez à Ramón pour parler de vous. Vous en profitez pour lui poser quelques questions sur sa vie. Votre message doit comporter 60 à 80 mots.

[1] le panneau d'affichage : das schwarze Brett

ACTIVITÉ 10   Expression écrite   Réalités 3, Unité 4

On vous a volé votre porte-monnaie dans le vestiaire du gymnase. Le professeur vous demande de compléter la fiche ci-dessous :

Racontez ce qui s'est passé et soyez précis. (60 mots environ)

| NOM et prénom : |
| Classe : ....   Jour : ....   Heure : .... |

ACTIVITÉ 11 — Compréhension orale Réalités 3, Unité 5/3

Vous allez entendre un dialogue entre deux personnes.

- Vous avez 1 minute pour lire les questions ;
- une première écoute, puis 30 secondes de pause pour commencer à répondre aux questions ;
- une deuxième écoute, puis 30 secondes pour compléter vos réponses.

Répondez aux questions, en cochant (X) la bonne réponse, ou en écrivant l'information demandée.

Questions :

1. Où se passe ce dialogue ?
   - ❑ Dans une salle de classe.
   - ❑ Dans un magasin.
   - ❑ À la maison.
   - ❑ Dans le bureau du directeur.

2. Quelle matière enseigne le professeur ?
   ----

3. L'élève a des problèmes pour :
   - ❑ enseigner une langue étrangère.
   - ❑ apprendre une langue étrangère.
   - ❑ trouver la solution à un problème.
   - ❑ écrire dans une langue étrangère.

4. Le professeur est :
   - ❑ sévère.   ❑ compréhensif.
   - ❑ autoritaire.   ❑ agressif.

5. L'élève :
   - ❑ n'aime pas son professeur.
   - ❑ accepte l'aide de son professeur.
   - ❑ refuse l'aide de son professeur.
   - ❑ ne veut rien entendre.

6. L'élève menace :
   - ❑ d'arrêter cette matière.
   - ❑ d'apprendre une autre langue.
   - ❑ d'arrêter cette matière et d'apprendre l'allemand.
   - ❑ de quitter le cours si le professeur est trop sévère.

ACTIVITÉ 12 — Expression écrite Réalités 3, Unité 5/3

Avez-vous des difficultés en français ? Pouvez-vous dire ce qui vous cause le plus de problèmes ? Pouvez-vous en expliquer les raisons ?

Répondez avec vos propres mots à ces questions en 60 mots maximum.

ACTIVITÉ 13 — Expression orale Réalités 4, Dossier 3

Un de vos camarades a trouvé, dans la cour du collège, un porte-monnaie qui contient un peu d'argent. Il veut garder le porte-monnaie. Vous n'êtes pas d'accord et vous lui dites pourquoi.

Cet exercice peut être réalisé seul, ce qui signifie que vous allez parler sans qu'on vous pose des questions (en continu)[1] pendant au moins 2 minutes. Les minutes semblent longues dans ces cas-là. Il vous faut donc bien réfléchir aux idées-clés que vous allez donner et à leur organisation.

Vous pouvez aussi faire un jeu de rôles. L'un(e) essaie de convaincre de ne pas garder le porte-monnaie et l'autre essaie de trouver les arguments contraires. La durée de l'exercice peut rester la même : 2 minutes minimum.

Rappel : pendant votre préparation, notez vos idées mais n'écrivez pas de phrases complètes.

[1] en continu : fortlaufend

ACTIVITÉ 14 — Expression orale Réalités 3, Unité 6

Un de vos camarades a été injustement accusé d'avoir volé un livre à la bibliothèque. Vous connaissez le coupable. Vous ne voulez pas le dénoncer[1] et vous allez le trouver pour lui demander de rendre le livre et disculper[2] ainsi votre camarade. Vous réfléchissez à ce que vous allez lui dire.

- Notez les idées qui vous viennent à l'esprit (4 ou 5 minimum).
- Classez-les.
- Soyez prêts à parler en continu pendant 2 minutes.

[1] dénoncer : verraten, anzeigen [2] disculper : entschuldigen, rechtfertigen

ACTIVITÉ 15 — Expression orale Réalités 3, Unité 6

Voici deux sujets que nous vous demandons de traiter l'un après l'autre, de manière enchaînée[1]. Vous avez 15 mn pour prendre des notes et vous préparer à cet exercice.

1. Votre classe doit proposer un sujet de sortie de fin d'année au professeur de français.
   Proposez le programme de cette journée, et donnez quelques exemples d'activités.
2. Est-ce qu'une sortie avec la classe peut permettre de voir ses camarades différemment ?
   Quels peuvent être les effets sur le groupe ?

[1] de manière enchaînée : verknüpft

ACTIVITÉ 16 — Compréhension écrite Réalités 3, U6/3 – Réalités 4, D1/3

Vous devez passer un examen demain. Vous visitez le site France-Jeunes.net afin d'y trouver des conseils pour bien vous préparer à cette épreuve.

Voici ce que vous avez trouvé. Lisez attentivement chacune des rubriques :

Privilégiez votre sommeil :
Pendant les révisions et les épreuves, essayez de conserver votre rythme normal de sommeil. Évitez de prendre des somnifères, dont les effets se font ressentir le jour de l'examen, de boire du café, de prendre des vitamines après 15 heures. Pour mieux dormir, prenez un long bain chaud ou bien buvez une tisane avant d'aller vous coucher. N'étudiez pas pendant la nuit, mais relisez vos cours avant de dormir, car votre mémoire travaille pendant le sommeil.

Les trucs anti-stress :
– Amusez-vous, continuez à voir vos amis, sortez, riez. Les loisirs sont positifs si l'on reste raisonnable.
– Détendez-vous, si vous vous sentez trop stressé(e) pour étudier, prenez un magazine, installez-vous sur le canapé, et vous serez prêt(e) pour vous replonger dans vos cours.
– Faites du sport, l'activité physique stimule la respiration, régénère les cellules du cerveau, et évacue le stress.

Buvez beaucoup, mais attention :
En état de surmenage, votre métabolisme[1] s'emballe. Buvez au moins un litre et demi de boisson à base d'eau : eau, tisane, potage, jus de fruit. Attention : pas de Coca-Cola ! Pas d'alcool, il donne une fausse impression de détente et diminue le contrôle de soi.

France-Jeunes.net par Fuego Hielo

1 métabolisme : organisme

Suite à la lecture de cet article, vous décidez de mettre toutes les chances de votre côté le jour de l'examen. Vous prenez cinq bonnes résolutions, et écartez[1] cinq mauvaises habitudes :

Je m'engage à :	Je m'engage à ne pas :
1.	1.
2.	2.
3.	3.
4.	4.
5.	5.

1 écarter : *ici:* ausgliedern, herausnehmen

ACTIVITÉ 17 Expression écrite Réalités 3, Unité 5/3

L'important, c'est de mieux se connaître. Pourquoi passer un examen fait peur ? Vous allez donc essayer de répondre à cette question et trouver au moins trois exemples. Posez-vous les questions suivantes : Qu'est-ce qui me fait peur ? Pourquoi ?

Qu'est-ce qui me fait peur ?	Pourquoi ?
1.	1.
2.	2.
3.	3.
4.	4.
5.	5.

ACTIVITÉ 18 Expression orale Réalités 3, Unité 3

Préparer l'écrit, c'est simple (en apparence)[1], mais l'oral… Voilà ce que vous allez faire avec votre voisin (si vous êtes en classe) :
- Il imagine une situation. Par exemple : décrire la journée précédente.
- Vous prenez 5 mn pour réfléchir : vous essayez de vous rappeler ce que vous avez fait la veille et de dégager les moments forts.
- Vous parlez en continu pendant 3 mn ! Vous racontez votre journée avec des mots simples.
- Attention : ne parlez pas trop vite. Votre partenaire note les mots ou les expressions qui semblent poser problème.
- Vous faites le point sur vos difficultés. N'oubliez pas que votre professeur veille, et qu'il peut répondre à vos questions !
- Vous inversez les rôles : vous lui proposez une situation.

1 en apparence : scheinbar

ACTIVITÉ 19 Expression écrite Réalités 3, Unité 5

C'est la fête, vous avez réussi votre examen et, avec vos copains, vous organisez une fête chez vous (jour et heure à déterminer). Ceux-ci vous demandent de préparer une petite annonce que vous glisserez dans les boîtes aux lettres des voisins pour les prévenir[1] qu'il y aura peut-être un peu de bruit et demander à tous d'être compréhensifs. (30–50 mots)

1 prévenir : vorher informieren

ACTIVITÉ 20 Expression orale Réalités 4, Dossier 2

Cette fois-ci, c'est à vous de proposer un sujet. Nous vous donnons une situation avec des mots et des groupes de mots que vous utiliserez. Vous rédigerez un sujet obligeant[1] à argumenter.

Exemple :

1. Refuser une invitation : Vous êtes chez un(e) ami(e) / refuser son invitation à dîner / devoir de français à terminer / pourquoi cela n'est pas possible.
Sujet : Vous êtes chez un(e) ami(e) et vous vous rendez compte qu'il est déjà très tard. Il / Elle vous propose de rester dîner. Vous avez un devoir de français à terminer et devez rentrer chez vous.

À vous de jouer ! Faites des phrases claires.

2. Découverte : votre frère / sœur sort en cachette. Le / La faire arrêter.

------

3. Votre passion : la poésie. Votre souhait : obtenir l'avis de quelqu'un de proche sur vos poèmes.

Testez vos sujets :
Maintenant choisissez un camarade et demandez-lui de parler pendant une à deux minutes après une préparation de quelques minutes.

[1] obliger : zwingen

ACTIVITÉ 21 Expression orale Réalités 3, Unité 5

Ouf ! Vous avez passé un examen portant sur[1] plusieurs matières. Vous allez raconter comment ça s'est passé à votre meilleur(e) ami(e) français(e). Vous lui direz en 3 minutes :
- En quoi consistait l'examen ?
- Quelles matières ont marché ?
- Quelles matières n'ont – éventuellement – pas très bien marché ?
- Ce que vous avez éprouvé avant, pendant et après.
- Vos chances de réussite ?

Pour vous aider à faire cet exercice, imaginez à quelle occasion vous pouvez vous trouver dans une situation d'examen : en début d'année ou à la fin d'un cycle scolaire[2] pour évaluer votre niveau et déterminer votre orientation, à l'école de musique, au sport (le judo est par exemple un sport qui nécessite de passer des examens théoriques), etc.

[1] porter sur : sich beziehen auf [2] le cycle scolaire : die Schulphase

ACTIVITÉ 22   Compréhension orale   Réalités 4, Dossier 5

Vous allez entendre un message enregistré.

- Lisez les questions.
- Vous écouterez le message une première fois.
- Vous aurez alors 30 secondes pour commencer à répondre aux questions.
- Vous écouterez le message une deuxième fois, et vous aurez une minute pour compléter vos réponses.

1re approche : Répondez aux questions suivantes en un ou deux mots.

1. Qui est l'auteur du message ?
   ....

2. Pourquoi veut-il des documents sur l'Égypte ?
   ....

3. Quel est son problème ?
   ....

4. Que fera-t-il vendredi ?
   ....

En compréhension orale, vous n'aurez plus le texte sous les yeux. Vous aurez peut-être peur de ne pas bien entendre, de ne pas bien comprendre, de ne pas trouver la réponse dans ce qu'on entend, de faire des fautes.

Faut-il écrire des phrases entières ? Combien de fois peut-on écouter le passage ? Que faire si on se trompe de réponse ?

2e approche : Cette fois-ci, nous vous proposons de cocher des cases[1] (dans la plupart des cas).

1. Qui téléphone ?   ❑ Catherine   ❑ Michael   ❑ ?

La meilleure façon de comprendre comment est conçu un sujet est d'en concevoir[2] un soi-même ou une partie.

☞ *À vous de jouer, trouvez deux nouvelles propositions de réponse aux deux questions suivantes :*

Relisez d'abord le texte du message.

2. La recherche porte sur l'Égypte et :
   ....

3. Quel est le motif de l'appel ?
   ❑ une invitation
   ❑ ....
   ❑ ....

4. Quel est le problème ?
   ❑ manque d'ordinateur
   ❑ ....

1 la case : das Feld, das Kästchen
2 concevoir : ausdenken

II. ENTRAÎNEMENT

Les loisirs

Dans le dossier sur l'école, vous avez surtout eu l'occasion de travailler l'expression écrite et l'expression orale. Maintenant, travaillons la compréhension écrite, l'expression écrite, l'expression orale et la compréhension orale.

☞ *Les vacances*

ACTIVITÉ 1   Compréhension écrite   Réalités 4, Dossier 3/1

CONSIGNE : Lisez la lettre de Marguerite. Comptez le nombre de mots puis complétez le tableau qui suit en mettant une croix dans la colonne qui convient et justifiez votre réponse.

Brasilia, le 30 juillet 2004

Cher Benjamin,

Merci pour ta lettre. Tu me demandes de te parler du Brésil. Ça fait un mois que nous sommes arrivés et tout est merveilleux.

D'abord, c'est un pays immense. Les gens sont gais et aiment vraiment s'amuser. La baie de Rio, c'est comme on l'imagine, ou plutôt non, c'est inimaginable ! On s'est baignés à Ipanema dimanche : Mythique ! C'est le paradis.

Je m'arrête là pour l'instant, maman m'appelle pour le dîner.

A +

Nombre de mots : _____

PROPOSITIONS	VRAI	FAUX	JUSTIFICATION
Marguerite répond à Benjamin.			
Elle est enthousiaste.			
Le Brésil est un très grand pays.			
La baie de Rio l'a surprise.			
Ipanema était pour elle un symbole.			
Marguerite a oublié de signer après « A + ».			

Coucou, me revoilà.

On est à Brasilia. C'est hyper moderne. C'est normal, à la place, il y a 50 ans, il n'y avait que de l'herbe. Au début, j'étais déçue, maintenant, j'aime. Ce n'est pas parce que c'est la capitale mais c'est dans une ville comme ça que j'aimerais vivre plus tard.

Maman termine sa mission dans deux semaines (j'espère qu'elle en aura une autre). Nous resterons encore deux autres semaines parce que, pour elle, ça n'était pas des vacances !

Quand je reviens, c'est promis, je fais une fête.

Profite bien du soleil de la Côte d'Azur !

Je t'embrasse

Marguerite

PS : Si tu veux m'écrire, envoie un message à l'adresse de maman, au travail : rigoberta@orstom.fr

Comptez les mots de la lettre de Marguerite et complétez le tableau ci-dessous.

Nombre de mots : _____

PROPOSITIONS	VRAI	FAUX	JUSTIFICATION
Marguerite a tout de suite adoré Brasilia.			
La modernité de la ville est étonnante.			
Marguerite a changé d'opinion sur Brasilia.			
Plus tard, Marguerite dit qu'elle veut vivre dans une capitale.			
Marguerite reste encore au Brésil quinze jours.			
La mère de Marguerite a envie de vacances.			
Marguerite organisera peut-être une fête à son retour.			

ACTIVITÉ 2 — Compréhension écrite Réalités 4, Dossier 3/4

Benjamin vient de recevoir la lettre de Marguerite. Il lui envoie un message électronique. (60–80 mots)

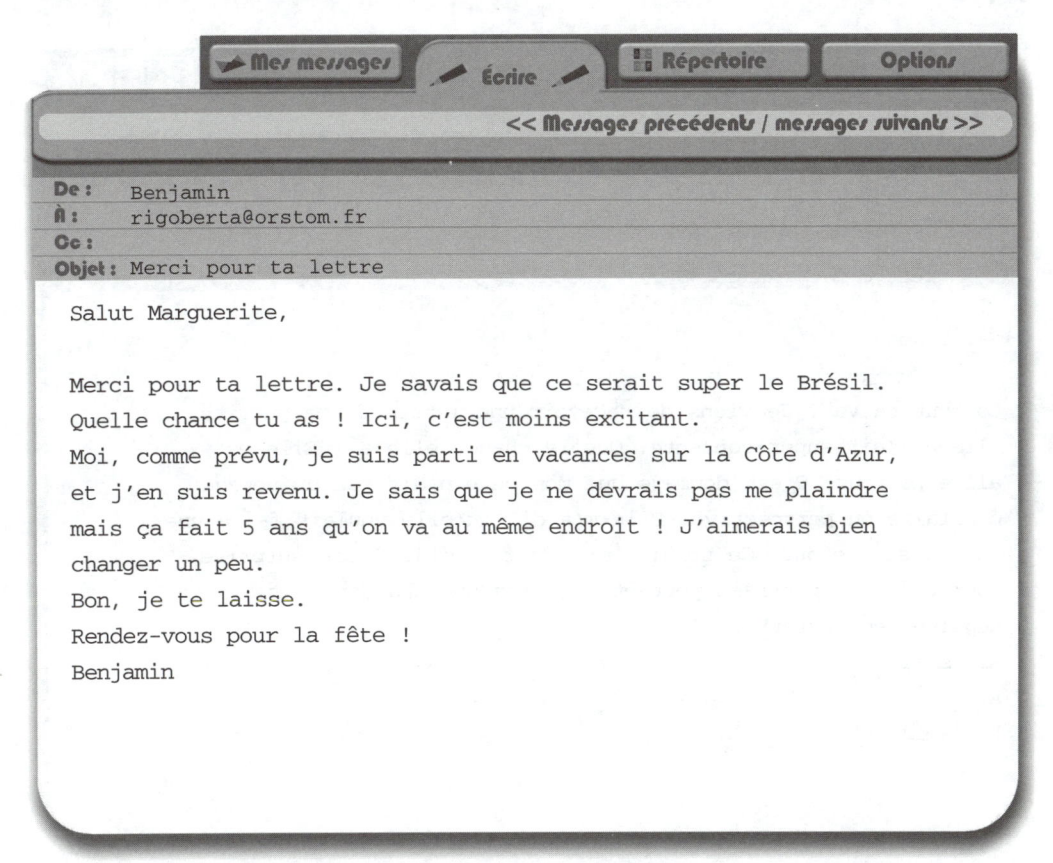

De : Benjamin
À : rigoberta@orstom.fr
Cc :
Objet : Merci pour ta lettre

Salut Marguerite,

Merci pour ta lettre. Je savais que ce serait super le Brésil. Quelle chance tu as ! Ici, c'est moins excitant.
Moi, comme prévu, je suis parti en vacances sur la Côte d'Azur, et j'en suis revenu. Je sais que je ne devrais pas me plaindre mais ça fait 5 ans qu'on va au même endroit ! J'aimerais bien changer un peu.
Bon, je te laisse.
Rendez-vous pour la fête !
Benjamin

Répondez aux questions posées et justifiez[1] votre réponse si nécessaire. Écrivez des phrases complètes.

1. De quoi remercie-t-il Marguerite ?

2. Benjamin avait-il prévu que le Brésil serait un bon projet ?

3. En comparaison du Brésil, comment Benjamin trouve-t-il la France ?

4. Benjamin est-il enthousiaste à propos de ses vacances sur la Côte d'Azur ?

5. Quel est son souhait ?

6. Que reproche-t-il à son lieu de vacances ?

1 justifier : rechtfertigen

ACTIVITÉ 3 — Compréhension écrite — Réalités 4, Dossier 3/1

Après avoir envoyé son message à Marguerite, Benjamin décide d'envoyer un message à José :

```
De :    Benjamin
À :     joseskater@hotmail.com
Cc :
Objet : lettre de Marguerite

Salut José,

Comment ça va ? Je viens de recevoir une lettre de Marguerite.
Elle a l'air super contente. Quelle chance elle a ! Elle est
allée partout. C'est dommage que mon père n'ait pas un voyage
d'affaire en perspective… Elle m'a dit qu'elle voulait faire une
fête à son retour. Ce serait bien de réfléchir à une surprise
pour elle. On pourrait peut-être écrire une chanson et se
déguiser en surfer fou ?
Alors ?
A+
Benjamin
```

- **Tout d'abord, comptez les mots du message de Benjamin.** _____

- **Répondez aux questions :**

1. Benjamin a écrit à José récemment.
   ❏ Vrai ❏ Faux ❏ ?

2. José connaît Marguerite.
   ❏ Vrai ❏ Faux ❏ ?

3. Benjamin espère que son père aura une mission à l'étranger.
   ❏ Vrai ❏ Faux ❏ ?

4. Benjamin veut organiser une fête au retour de Marguerite.
   ❏ Vrai ❏ Faux ❏ ?

5. Benjamin a décidé de faire une surprise à Marguerite.
   ❏ Vrai ❏ Faux ❏ ?

6. Benjamin aimerait chanter une chanson, déguisé en surfer fou.
   ❏ Vrai ❏ Faux ❏ ?

ACTIVITÉ 4 — Expression écrite — Réalités 4, Dossier 4/1

Pour commencer, nous vous proposons de regarder la présentation des lettres de José et Corinne (format, disposition[1], marges[2], lieu et date, formule d'appel[3], salutation, signature, etc.) et de faire un premier travail sur le vocabulaire.

> **Attention :**
> Il faut toujours lire la totalité d'un sujet[4], d'un texte, avant de se lancer dans le travail. Les questions que l'on se pose au début trouvent souvent une réponse au cours de la lecture.
> En n'essayant pas de répondre immédiatement aux questions ou de se lancer tout de suite dans l'exercice, on évite les erreurs et les corrections.

1 la disposition : die Anordnung 2 la marge : der Rand 3 la formule d'appel : die Anrede
4 la totalité d'un sujet : das gesamte Thema

Voici la situation : José, lui, est allé au Portugal. Complétez la lettre de José en entourant[1] la bonne solution parmi les trois réponses qui vous sont proposées.

Paris, le 25 août 2004

Cher Théo,

Je viens de rentrer de / notre / mon / son voyage au Portugal. Tu sais, c'est très excitant de faire seul un voyage en avion pour se rendre dans le pays de ses / descendants / cousins / ancêtres.
Heureusement, ma grand-tante, la sœur de mon grand-père / neveu / petit-fils, la seule personne qui vive encore là-bas, est venue m'accueillir à l'aéroport de Lisbonne. C'est une jeune fille / une vieille / une femme de soixante ans / très fatiguée / dynamique / paresseuse. Elle a pris sa retraite à la campagne mais nous n'avons pas passé beaucoup de jours chez elle : elle m'a fait / manger / dormir / visiter / des tas de coins pittoresques.
Malgré sa taille / son âge / ses rides /, elle est très bonne cuisinière / savante / sportive. Chaque jour, nous avons fait des kilogrammes / des quantités / des kilomètres de marche à vélo / à pied / à cheval. Il faudrait que tu puisses faire sa sympathie / connaissance / compétition. Tu adorerais son humeur / humour / humilité. Elle plaisante tout le temps et ne se montre jamais ennuyée ni fatiguée.
J'espère que tu as pu, nous / toi / lui aussi, découvrir plein de lieux / sportifs / copains formidables pendant tes examens / vacances / courses.
Téléphone-moi dès ton retour.
Salut.

José

---

1 entourer : umkreisen

ACTIVITÉ 5 — Expression écrite Réalités 4, Dossier 4/1

Complétez la lettre de Corinne.

Paris, ... 14 juin 2004

Chère Marguerite,
C'est .... vacances ! .... vie est belle. Il y a beaucoup de soleil. J'ai enfin acheté .... maillot de bain. Cette fois, j'ai trouvé .... maillot de mes rêves !
Si tu avais vu .... tête de ma sœur quand elle l'a vu ! C'est .... première fois que tu trouves .... maillot qui te va si bien, m'a-t-elle dit.
Hier, il y avait .... vent. Je ne suis pas allée à .... plage. Mais, selon .... météo, ... beau temps devrait revenir .... semaine prochaine. J'ai aussi envie d'aller faire .... tennis et .... vélo.
Je pense que là où tu es, le temps est génial. Si tu peux, envoie-moi .... carte postale. C'est surtout pour .... timbre !
Bises.

Corinne

ACTIVITÉ 6 — Expression écrite Réalités 4, Dossier 4/1

Nous vous proposons une nouvelle fois de faire appel à votre sens de la déduction[1] et de compléter les 3 lettres qui suivent :

Lettre 1

Paris, le 3 mai 2004

Cher Armand,
Tu dois être surpris de ne pas avoir reçu de lettre de moi plus tôt.
....
....
....

C'est donc pour cette raison que je ne t'ai pas écrit avant. Mais maintenant tout va mieux. Je reprends des forces.
Bon courage pour préparer ton examen de français : tout ira bien, tu verras...
Amicalement.

Pierre-Jean

[1] le sens de la déduction : die Fähigkeit ab-/herzuleiten

Lettre 2

> Barcelone, le dimanche 8 juin 2004
>
> Très chère Caroline,
> Ta lettre m'a fait très plaisir. Je suis vraiment désolée de ne pas t'avoir envoyé plus tôt les informations que tu me demandais, mais je pense qu'il n'est pas trop tard pour te les faire parvenir.
>
> ....
> ....
> ....
> ....
> ....
>
> bientôt. J'attends avec impatience ton arrivée. Plus qu'un mois !
> Je t'embrasse.
>
> Josiane

> Marseille, le 18 juillet 2004
>
> Mon cher Cyril,
> Ah, si tu savais ce qui m'est arrivé, il y a quelques jours.
>
> ....
> ....
> ....
> ....
>
> Depuis nous ne nous quittons plus. J'ai hâte que tu le voies.
> Je t'envoie un gros bisou.
>
> Marianna

ACTIVITÉ 7 — Expression écrite Réalités 4, Dossier 3

NÎMES

POÉSIE FRANCOPHONE

DIXIÈME CONCOURS DE RÉCITATION

Inscrivez-vous en envoyant un courriel à
poesie.francophone@wanadoo.fr
et en précisant le nom de l'auteur choisi
Date limite d'inscription : 31 décembre 2004

Vous avez vu cette annonce sur le tableau d'affichage[1] de votre école. Intéressé(e), vous envoyez un message électronique pour vous inscrire et en savoir plus sur ce qu'on attend de vous.

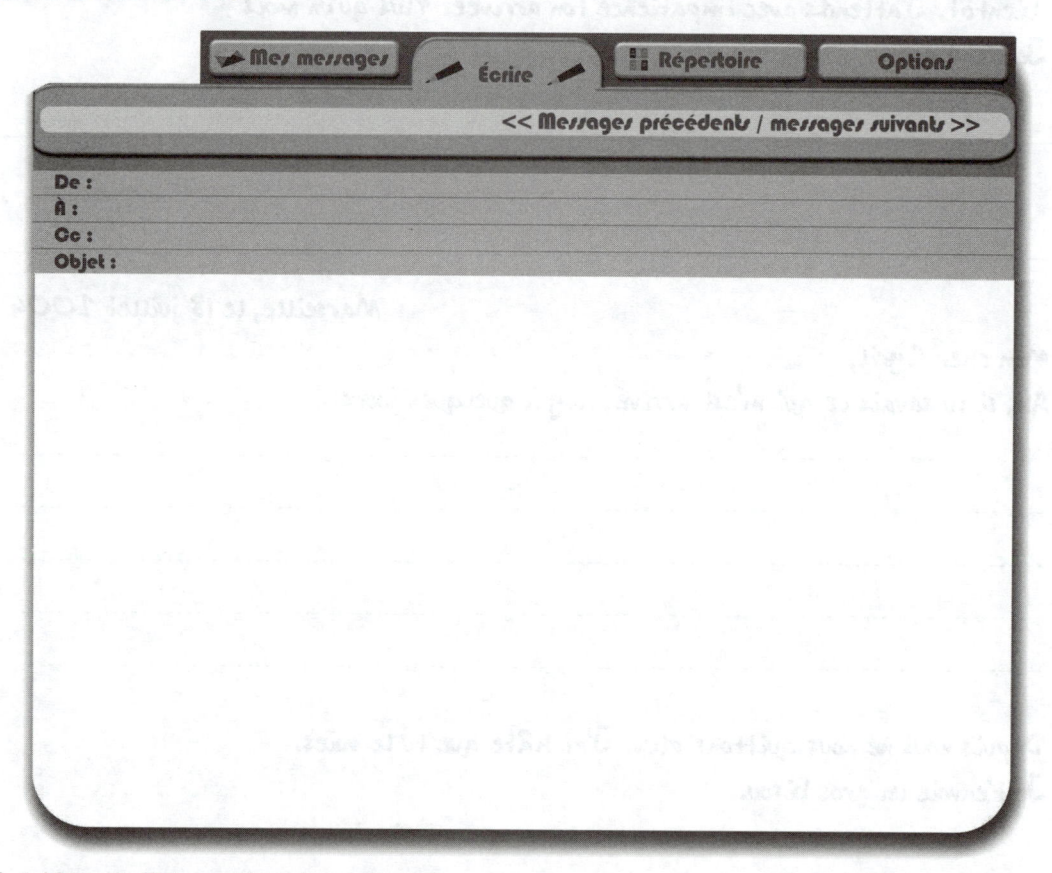

---

1 le tableau d'affichage : das schwarze Brett

ACTIVITÉ 8 — Compréhension orale Réalités 3, Unité 1

Vous allez entendre un dialogue entre deux personnes.

- Vous avez 1 minute pour lire les questions ;
- une première écoute, puis 30 secondes de pause pour commencer à répondre aux questions ;
- une deuxième écoute, puis 30 secondes pour compléter vos réponses.

Répondez aux questions, en cochant (*X*) la bonne réponse, ou en écrivant l'information demandée.

Questions

1. Que préparent Sophie et Françoise ?
   - ❏ Un séjour dans les pays du nord de l'Europe.
   - ❏ Un séjour dans les pays du sud de l'Europe.
   - ❏ Un séjour du nord au sud de l'Europe.

2. Quel moyen de transport vont-elles utiliser ?
   _____

3. Combien coûte le billet ?
   _____

4. Quand veulent-elles partir ?

   Date : _____

   Heure : _____

5. Où vont-elles se retrouver ce soir ?
   _____

6. Entourez sur la carte ci-dessous les villes que Sophie et Françoise visiteront.

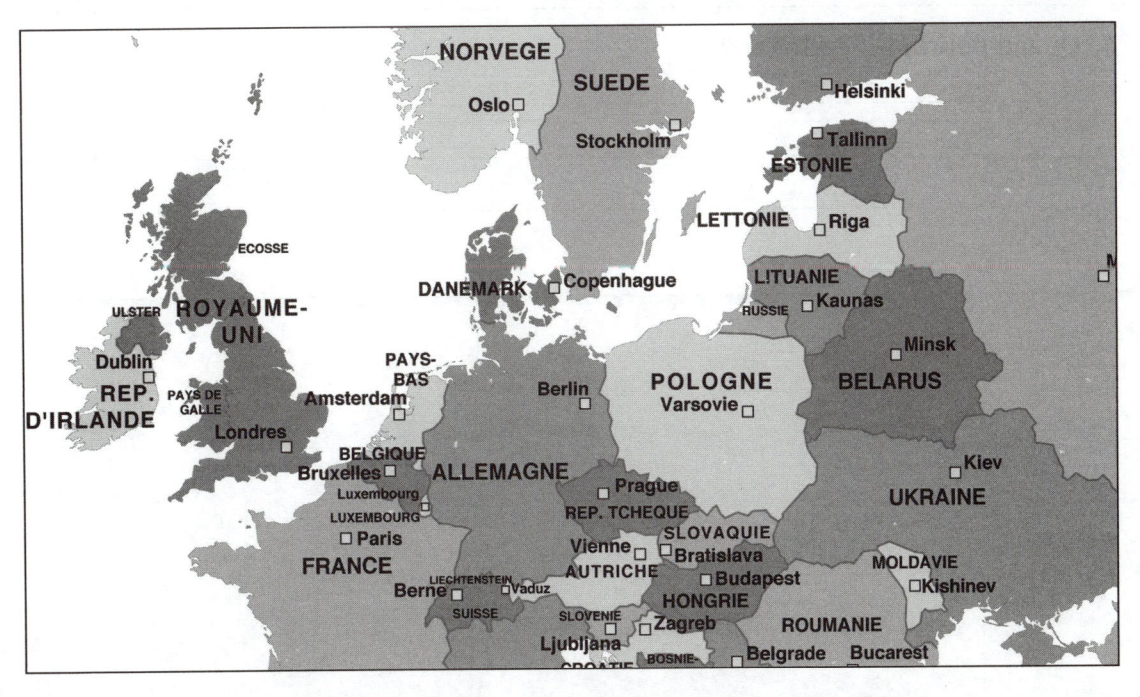

ACTIVITÉ 9 — Compréhension orale Réalités 3, Unité 3

Vous allez entendre un dialogue entre deux personnes.

- Vous avez 1 minute pour lire les questions ;
- une première écoute, puis 30 secondes de pause pour commencer à répondre aux questions ;
- une deuxième écoute, puis 30 secondes pour compléter vos réponses.

Répondez aux questions en écrivant l'information demandée.

Questions :

1. Où se passe cette scène ?

2. Quel produit cherche le client ?

3. Pourquoi le produit n'est-il pas disponible ?

4. Quand pourra-t-il l'acheter ?

ACTIVITÉ 10 Compréhension orale Réalités 4, Dossier 3

Vous allez entendre un dialogue entre deux personnes.

- Vous avez 1 minute pour lire les questions ;
- une première écoute, puis 30 secondes de pause pour commencer à répondre aux questions ;
- une deuxième écoute, puis 30 secondes pour compléter vos réponses.

Répondez aux questions, en cochant (x) la bonne réponse, ou en écrivant l'information demandée.

Questions

1. Où se passe ce dialogue ?
   - ❏ Dans le hall d'une gare.
   - ❏ Dans le hall d'un immeuble.
   - ❏ Dans un magasin.
   - ❏ Dans une agence immobilière.

2. Quelle est la profession de la femme ?
   ----

3. Quelle est la profession du jeune homme ?
   - ❏ Etudiant   ❏ Serveur
   - ❏ Gardien   ❏ On ne sait pas

4. De quoi le jeune homme est-il accusé ?
   - ❏ De faire trop de fêtes.
   - ❏ De ne pas nettoyer ses escaliers.
   - ❏ De faire trop de bruit.
   - ❏ De ne pas dire « bonjour ».

5. Le jeune homme accepte-t-il les critiques de la femme ?
   - ❏ Oui ❏ Non ❏ On ne sait pas

6. De quoi la femme le menace-t-elle ?
   - ❏ D'appeler la police.
   - ❏ D'avertir ses parents.
   - ❏ D'avertir ses parents et la police.
   - ❏ On ne sait pas.

7. Le jeune homme est-il responsable des accusations de la femme ?
   - ❏ Oui ❏ Non ❏ On ne sait pas

ACTIVITÉ 11 Expression écrite Réalités 4, Dossier 3

8. Pensez-vous que la femme a raison de critiquer le jeune homme ? Pourquoi ? Répondez avec vos propres mots à cette question en 40 mots.

👉 *Mes promenades, mes sorties, mes activités de détente*

ACTIVITÉ 12 Expression orale Réalités 3, Unité 1

Activité à réaliser à deux.

Choisissez une des deux photos ci-dessous. Regardez-la attentivement pendant 15 secondes, puis cachez-la. Votre voisin, la photo devant les yeux, vous pose alors un minimum de 5 questions sur les détails de ce document. Vous devez lui répondre avec précision.

Vous inversez[1] ensuite les rôles avec la photo restante.

PHOTO 1 : une sculpture

PHOTO 2 : une plage

1 inverser : *ici :* tauschen

ACTIVITÉ 13 — Expression orale Réalités 3, Unité 3

Activité à réaliser à deux.

Choisissez une des deux photos ci-dessous. Regardez-la attentivement pendant 15 secondes, puis cachez-la. Votre voisin, la photo devant les yeux, vous pose alors un minimum de 5 questions sur les détails de ce document. Vous devez lui répondre avec précision.

Vous inversez[1] ensuite les rôles avec la photo restante.

PHOTO 1 : le marché

PHOTO 2 : le cinéma

[1] inverser : *ici* : tauschen

ACTIVITÉ 14 — Expression orale Réalités 4, Dossier 1

Activité à réaliser à deux.

Voici le principe de l'exercice : votre voisin va vous poser des questions pour deviner ce que représente la photo que vous avez devant les yeux. Vous ne pouvez répondre à ses questions que par « oui » ou par « non ». Cette activité ne doit pas dépasser 5 minutes.

Vous inversez[1] ensuite les rôles pour la photo suivante.

Entraînez-vous au questionnement et au jeu des réponses oui / non avec la photo ci-dessous (tant pis si votre partenaire l'a déjà vue : même s'il sait ce qu'elle représente, il doit encore trouver les questions qu'il faudrait poser).

PHOTO 1 : La Tour Eiffel

Maintenant que vous connaissez le principe de l'exercice, choisissez une photo dans un magazine ou dans le livre de votre choix. Faites l'expérience autant de fois que[2] vous voulez.

1 inverser : *ici* : tauschen 2 autant de fois que : so viele Male wie, so oft wie

ACTIVITÉ 15 Expression orale Réalités 4, Dossier 3

Activité à réaliser à deux ou en groupe de 3 personnes ou en classe entière.

Vous pensez à une personne célèbre. Vous écrivez le nom de cette personne sur une feuille de papier que vous retournez. À tour de rôle[1], chaque participant vous pose une question afin de deviner de qui il s'agit. Vous ne pouvez répondre que par *Oui* ou par *Non*. Cette activité ne doit pas dépasser 15 minutes.

1 à tour de rôle : nacheinander

ACTIVITÉ 16 Expression orale Réalités 4, Dossier 3

Nous vous proposons la même activité que la précédente avec une différence toutefois : il sera interdit de répondre par oui ou par non. Il faudra donc utiliser le lexique ci-dessous. Celui-ci pourra bien entendu être enrichi[1].

Pour ne pas dire oui, dites…		Pour ne pas dire non, dites…	
• En effet.	• Tu t'approches.	• Pas du tout.	• C'est faux.
• C'est vrai.	• Tu brûles.	• Mauvaise question.	• Tu t'éloignes.
• Peut-être.	• Presque.	• Pas beaucoup.	• Ce n'est pas ça.
• Sans doute.	• C'est exact.	• Je ne pense pas.	• Pas tout à fait.
• Absolument.	• On peut dire ça.	• Pas forcément.	• Absolument pas.
• Certainement.	• Correct.	• Pas exactement.	
• C'est juste.	• Un peu.		

1 enrichir : erweitern

ACTIVITÉ 17 Expression orale Réalités 3, Unité 6

Activité à réaliser à deux.

Regardez les images suivantes. En utilisant le tableau ci-dessous, remplissez les cases[1] en collaboration avec votre camarade. Vous ne pouvez pas utiliser de dictionnaire, ni d'autres documents.

	Vos commentaires	
	Image 1	Image 2
Où se passe la scène ?		
Quel sport les personnes pratiquent-elles ?		
Quel temps fait-il ?		
Quelle est la couleur dominante de la photo ?		
D'après vous, quel âge ont les personnes que vous voyez sur les photos ?		
Quel autre sport ou activité peut-on pratiquer dans ces deux lieux ?		
À quel endroit de votre pays ces lieux ressemblent-ils ?*		

*(Si vous ne pouvez pas répondre à cette question, écrivez « aucun »).

1 la case : das Feld, das Kästchen

☞ *À vous de jouer maintenant.*

ACTIVITÉ 18 Expression orale Réalités 4, Dossier 5

OPTION 1

Vous travaillez à deux. Vous commencez par choisir une des deux photos de la première série (le port). Répartissez-vous[1] les rôles : pendant 5 mn, l'un réfléchit à ce qu'il peut dire sur la photo et l'autre aux questions qu'il pourra lui poser.

Au bout de 5 minutes, celui qui n'a pas écrit les questions, parle en continu pendant 2 mn sur la photo puis celui qui a préparé les questions les lui pose. Attention, il faut s'adapter. Ne posez pas de questions auxquelles une réponse a déjà été donnée.

OPTION 2

Vous travaillez à deux, sur les deux photos simultanément[2]. Trouvez un lien[3], un scénario, une histoire qui justifie d'avoir visité les deux lieux, etc. Faites courir votre imagination[4]. Limitez-vous à 6 à 8 phrases maximum. Notez simplement les mots clés de chaque phrase afin d'être prêt(e)s à vous y rapporter lorsque l'un d'entre vous devra parler devant la classe.

• Le port

1 se répartir : untereinander aufteilen 2 simultanément : gleichzeitig
3 le lien : die Verbindung, das Bindeglied 4 l'imagination *f.* : die Phantasie

II. ENTRAÎNEMENT

• La sortie

• À Paris

ACTIVITÉ 19 — Expression écrite Réalités 3, Unité 6

Activité à réaliser seul(e).

Vous êtes parti(e) en vacances dans l'un de ces endroits (voir page précédente). Votre camarade est parti(e) dans l'autre. Vous écrivez, chacun(e), une carte postale destinée à votre ami(e) pour :

- **lui donner de vos nouvelles,**
- **lui raconter l'événement[1] le plus marquant de votre séjour,**
- **l'inviter à vous accompagner au même endroit l'année prochaine.**

Attention : votre carte ne doit pas dépasser[2] 80 mots.

---

1 l'événement *m.* : das Ereignis
2 dépasser : überschreiten

II. ENTRAÎNEMENT

Dans les exercices suivants, vous allez entendre différents types de documents : des dialogues, des annonces, des messages. Des questions vous seront ensuite proposées. Vous devrez y répondre le plus exactement possible.

Il vous faut :

1. écouter attentivement les documents ;
2. prendre éventuellement des notes pendant l'écoute, sans chercher à recopier les phrases intégralement[1].

Deux types de questions vous seront posés. Vous devrez y répondre :

1. soit en cochant la case[2] correspondant à la réponse ;
2. soit en écrivant le plus précisément possible la réponse qui vous est demandée en un mot ou un groupe de mots.

1 intégralement : vollständig 2 la case : das Feld, das Kästchen

> **Attention :** il n'y a généralement qu'une seule réponse par question. Lorsqu'il y en a plusieurs, on vous le précise toujours.

ACTIVITÉ 20 — Compréhension orale Réalités 3, Unité 6

Vous allez entendre un dialogue entre deux amis. Il est en deux parties. Lisez d'abord les questions de la première partie.

À la première écoute, concentrez-vous sur le dialogue, n'essayez pas de répondre à toutes les questions.

Après la deuxième écoute, vous aurez 5 minutes pour répondre aux questions.

Questions portant sur la 1re partie :

1. Eric va faire :
   ❑ un tour de France à vélo.
   ❑ un tour de France à pied.
   ❑ un tour de France des campings.

2. Combien de temps durera son voyage ?
   ❑ Un mois
   ❑ Deux mois
   ❑ Un mois et demi
   ❑ Deux mois et demi

3. Il fera ce tour de France :
   ❑ seul.
   ❑ avec un ami.
   ❑ avec un membre de sa famille.

4. Quel sport pratique Eric, et avec quelle fréquence ?
   ❑ Il fait deux joggings par semaine.
   ❑ Il joue au football deux fois par semaine.
   ❑ Il court deux heures par semaine.

Questions portant sur[1] la 2ᵉ partie :

1. Où dormira Eric durant son voyage ?
   - ❏ Uniquement sous la tente.
   - ❏ Sous la tente et quelquefois dans des auberges de jeunesse.
   - ❏ Dans une chambre chez l'habitant.
   - ❏ Exclusivement dans des auberges de jeunesse.

2. De quelle ville va-t-il partir en voyage ?
   - ❏ Paris   ❏ Strasbourg
   - ❏ Lyon   ❏ Marseille

3. Combien de temps va-t-il rester à Clermont-Ferrand ?
   - ❏ 6 jours   ❏ 8 jours
   - ❏ 10 jours   ❏ 16 jours

4. Faites le trajet d'Eric.
   Sur la carte ci-dessous, indiquez, en les numérotant dans l'ordre, les villes où passera Eric.

1 porter sur : sich beziehen auf

ACTIVITÉ 21 Compréhension orale Réalités 3, Unité 1

Vous êtes à l'aéroport. Vous attendez votre avion pour partir en voyage. Régulièrement, vous entendez des annonces.

Lisez tout d'abord les questions portant sur[1] la première annonce. Maintenant, attention. Écoutez bien ce qui va suivre. Vous entendrez chaque annonce deux fois. Vous pouvez prendre des notes ou essayer de répondre aux questions lors de la première écoute, mais il est peut-être un peu difficile d'écouter et d'écrire à la fois. N'oubliez pas qu'après la deuxième écoute, vous disposerez[2] de 30 secondes pour vérifier vos réponses.

Annonce 1

Complétez les phrases suivantes :
Les passagers du vol à destination de Mexico doivent se présenter portes _____ et _____ .

Le numéro du vol à destination de Mexico est le _____

Annonce 2

1. Complétez la phrase suivante :
Le numéro du vol à destination de Toulouse est le _____

2. Le vol à destination de Toulouse est :
  ❏ annulé.
  ❏ retardé.
  ❏ annoncé.

3. Les passagers du vol pour Toulouse doivent :
  ❏ embarquer.
  ❏ patienter.
  ❏ se renseigner.

Annonce 3

1. Comment s'appelle l'enfant ?
  ❏ Stéphane Martin.
  ❏ Stéphane Matin.
  ❏ Stéphanie Martin.

2. L'enfant attend ses parents :
  ❏ au niveau des arrivées.
  ❏ dans la salle d'embarquement.
  ❏ à la porte d'embarquement.
  ❏ au niveau des départs.

[1] porter sur : sich beziehen auf
[2] disposer : Zeit haben, verfügen über

ACTIVITÉ 22 — Compréhension orale — Réalités 3, Unité 2

Vous attendez votre avion à l'aéroport. Écoutez attentivement les annonces et répondez aux questions suivantes. Attention : vous n'entendrez les annonces qu'une seule fois. Vous aurez ensuite 2 minutes, entre chaque annonce, pour répondre aux questions.

Annonce 1

1. Quel est le numéro du vol ?
   ----

2. Quelle est la destination des passagers ?
   ❏ Lourdes ❏ Londres ❏ Lyon

3. Où doivent se présenter les passagers ?
   ----

4. Quand a lieu l'embarquement ?
   ❏ Maintenant ❏ Plus tard ❏ Bientôt

Annonce 2

1. Les passagers sont invités à patienter :
   ❏ à bord de l'appareil.
   ❏ en salle d'embarquement.
   ❏ à l'enregistrement.

2. Où se rendent les passagers ?
   ----

3. Quelle est la cause du retard ?
   ----

4. Le retard prévu est :
   ❏ d'un quart d'heure.
   ❏ d'une demi-heure.
   ❏ de trois quarts d'heure.

Annonce 3

1. Quelle est la couleur du bagage oublié ?
   ----

2. Où se trouve le bagage oublié ?
   ---------- le comptoir d'enregistrement d'------------------------------.

3. Que demande-t-on au propriétaire du bagage ?
   ----

4. Par qui sera-t-il détruit ?
   ----

5. Pour quelle raison ce bagage risque-t-il d'être détruit ?
   Pour des ------------ de ------------.

Annonce 4

1. Quel est le numéro du vol annoncé ?
   ----

2. Où se rendent les passagers de ce vol ?
   ----

3. À quelle porte doivent se présenter les passagers appelés ?
   ----

4. Quels sont les passagers invités à embarquer ?
   ❏ Tous les passagers.
   ❏ Certains passagers.
   ❏ Aucun passager.

ACTIVITÉ 23 — Compréhension orale Réalités 4, Dossier 3

Après l'école, Eric rentre chez lui et écoute les messages enregistrés sur son répondeur téléphonique. Écoutez-les attentivement et répondez aux questions suivantes. Attention : vous n'entendrez les messages qu'une seule fois. Vous aurez ensuite deux minutes, entre chaque message, pour répondre aux questions :

Message 1

1. Julie semble :
   ❑ en colère.
   ❑ triste.
   ❑ méchante.
   ❑ compréhensive.

2. Julie appelle pour :
   ❑ demander une justification.
   ❑ donner un conseil.
   ❑ donner un ordre.

3. Eric a fait preuve :
   ❑ de sérieux.
   ❑ de légèreté.
   ❑ de gravité.
   ❑ de méchanceté.

4. Eric devait :
   ❑ se présenter à la répétition.
   ❑ appeler Julie.
   ❑ assister au spectacle.
   ❑ attendre Julie.

Message 2

1. Combien de personnes organisent la fête ?

   ----

2. Quelle est la date de la fête ?

   ----

3. Combien de personnes y aura-t-il environ ?
   ❑ 20   ❑ 30   ❑ 40

4. Combien Eric devra-t-il payer s'il veut assister à la fête ?

   ----

5. Qui Eric doit-il appeler pour confirmer sa venue ?
   ❑ Ahmed   ❑ Sylvie
   ❑ Martin   ❑ Claude

Message 3

1. Tatie Mireille appelle Eric pour :
   ❑ lui souhaiter son anniversaire.
   ❑ lui rappeler son anniversaire.
   ❑ lui raconter son anniversaire.

2. Tatie Mireille veut inviter Eric à un spectacle :
   ❑ de chant.
   ❑ de danse.
   ❑ On ne sait pas.

3. Combien de billets Tatie Mireille a-t-elle achetés ?
   ❑ Aucun   ❑ 2   ❑ 3   ❑ ?

4. Eric est-il libre samedi soir ?
   ❑ Oui
   ❑ Non
   ❑ On ne sait pas

5. Quel est le numéro de téléphone de Tatie Mireille ?

Message 4

1. Vincent est :
   ❏ fâché.
   ❏ triste.
   ❏ désolé.
   ❏ vexé.

2. Vincent n'a pas respecté :
   ❏ la volonté d'Eric.
   ❏ l'heure du rendez-vous.
   ❏ la promesse de Laura.

3. Où Eric et Vincent sont-ils allés hier ?
   ----

4. À quelle heure ont-ils rendez-vous demain ?

ACTIVITÉ 24 — Compréhension orale — Réalités 4, Dossier 5

Vous allez entendre un dialogue. Lisez d'abord les questions.

À la première écoute, concentrez-vous sur le dialogue, n'essayez pas de répondre à toutes les questions.

Après la deuxième écoute, vous aurez deux minutes pour compléter vos réponses.

Questions :

1. Par qui le jeune est-il arrêté ?
   ❏ Par un professeur.
   ❏ Par un policier.
   ❏ Par son père.
   ❏ Par un passant.

2. Qu'est-ce que le jeune homme a fait ?
   ❏ Il a grillé un feu rouge.
   ❏ Il a renversé une personne.
   ❏ Il a blessé quelqu'un.
   ❏ Il a roulé sur le trottoir.

3. Comment circule le jeune homme ?
   ❏ À vélo.
   ❏ En voiture.
   ❏ En autobus.
   ❏ À pied.

4. Pour se défendre, le jeune homme :
   ❏ ment.
   ❏ rit.
   ❏ blague.
   ❏ crie.

5. Le jeune homme dit :
   ❏ qu'il fera attention la prochaine fois.
   ❏ qu'il parlera à ses parents.
   ❏ qu'il recommencera.
   ❏ qu'il ira au commissariat.

6. Le jeune homme :
   ❏ va avoir des problèmes avec ses parents.
   ❏ n'aura pas de problème.
   ❏ va avoir des problèmes avec la police.
   ❏ va avoir des difficultés en classe.

ACTIVITÉ 25 — Expression écrite Réalités 4, Dossier 4

👉 Questionnaire de Proust

Voici un questionnaire[1]. Lisez les réponses qu'un inconnu a écrites :

- Quel est le principal trait de ton caractère ?
  L'impatience
- Et ton principal défaut ?
  Je suis très susceptible et… impatient !
- Quelle qualité est-ce que tu préfères chez une fille ?
  La franchise
- Et chez un garçon ?
  La franchise !
- De quoi as-tu le plus peur ?
  Des examens.
- Quel est ton plus grand trésor ?
  Mes parents et mon frère
- De quoi es-tu le plus fier ?
  D'être devenu l'ami de Romana
- Quels sont tes peintres préférés ?
  Les surréalistes : Dali, surtout
- As-tu un livre de chevet[2] ?
  Les bandes dessinées de Hergé ne me quittent pas
- Ta couleur favorite ?
  Le vert
- Qu'est-ce que tu détestes par-dessus tout ?
  La méchanceté
- Quel est ton film culte[3] ?
  Le fabuleux destin d'Amélie Poulain
- Qu'est-ce que tu aimerais changer dans ton apparence ?
  La couleur de mes yeux
- Quelle est ta boisson préférée ?
  Le Perrier menthe

1 dit questionnaire de Proust, écrivain français du XXe siècle
2 Livre de chevet : livre que l'on lit et relit avec plaisir
3 Film culte : film de référence

Pour vous amuser, vous décidez de répondre aux mêmes questions :

Deux étapes vous attendent :

- 1re étape : Adaptez[1] les questions car c'est vous qui allez y répondre maintenant. Regardez l'exemple donné pour la première question.
  Si vous rencontrez une difficulté, trouvez un moyen de dire la même chose avec vos propres mots.

- 2e étape : Vous répondez aux questions aussi spontanément que possible. Si vous n'êtes pas inspiré[2] par une question, passez à la suivante. Vous reviendrez ensuite aux questions qui vous ont posé problème.

~~Le bonheur parfait selon toi ?~~
Le bonheur parfait selon moi ?

De quoi as-tu le plus peur ?

Où et quand as-tu été très heureux ?

Quel est ton plus grand trésor ?

Quel est le principal trait de ton caractère ?

De quoi es-tu le plus fier ?

Et ton principal défaut ?

Quels sont tes peintres préférés ?

Quelle qualité est-ce que tu préfères chez une fille ?

As-tu un livre de chevet[3] ?

Ta couleur favorite ?

Et chez un garçon ?

1 adapter : anpassen 2 inspirer : anregen 3 livre de chevet : livre que l'on lit et relit avec plaisir

Qu'est-ce que tu détestes par-dessus tout ?

Qu'est-ce que tu aimerais changer dans ton apparence ?

Quel est ton film culte ?

Quelle est ta boisson préférée ?

ACTIVITÉ 26 Expression écrite Réalités 4, Dossier 4

Vous ne savez pas tout de vos camarades de classe ! Quelles questions pourriez-vous leur poser ? Il faut qu'elles soient différentes de celles auxquelles vous avez répondu. Ajoutez-en 3 ou 4 et posez-les à qui vous voulez.

Voici une deuxième série de questions. Cette fois-ci, il n'est pas nécessaire d'adapter[1] les questions :

Quel est ton acteur préféré ?

Quelle est ton actrice préférée ?

Quel est ton plus grand espoir ?

Quelle est ton expression préférée ?

1 adapter : anpassen

LES GOÛTS[1]

👉 S'habiller

A priori, vous ne manquerez pas d'idées sur ce sujet. Vous avez sans doute déjà des goûts très précis sur la façon dont vous avez envie de vous habiller.

[1] le goût : der Geschmack, die Vorliebe

ACTIVITÉ 1   Compréhension écrite   Réalités 4, Méthodes et stratégies

Tout d'abord, lisez les témoignages ci-dessous.

Naturellement, les vêtements, c'est important. Le problème, c'est que je n'ai pas beaucoup d'argent de poche. Je n'achète pas seulement des vêtements, mais aussi des livres, des disques. Quand j'achète des vêtements, je fais attention à leur prix. Je n'ai pas envie de dépenser des fortunes juste pour être à la mode. En fait, je préfère les tenues sportives. La base pour moi, c'est pull, pantalon et chaussures de sport. Et des t-shirts bien sûr ! Alors là, je me sens bien.

Christine, 14 ans, Toulouse

J'adore les fringues[1]. Je consacre tout mon argent de poche à en acheter parce que j'aime bien changer de vêtements. Mon rêve, ce serait d'avoir au moins 365 tenues, dans des styles différents. Les robes, les jupes, les pantalons, les foulards, les accessoires, ça me fait craquer[2]. Je regarde souvent les magazines de mode et je fais les vitrines. Comme ça, je suis au courant de ce que portent les jeunes branchés[3] et je leur ressemble.

Sonia, 13 ans, Montpellier

Je suis bien dans ma tête. Je crois que mes copains et mes copines m'apprécient pour ce que je suis, pas pour ce que je porte. De toute façon, mes parents n'ont pas les moyens et je n'ai jamais été obsédée par la mode. J'ai horreur du conformisme ! Quand j'entends certains de mes camarades ne parler que de chaussures ou de vêtements de marque, ça m'agace. Je ne comprends pas cette fascination. Dans ma vie, il y a des choses plus importantes.

Anne-Sophie, 13 ans, Bordeaux

C'est vrai que quand les autres sont habillés comme dans les magazines, c'est dur de résister. C'est important l'apparence. En fait, moi, je crois que l'important, ce n'est pas de porter le dernier blouson à la mode, mais de se sentir bien, d'avoir son style. Ma mère est couturière alors elle me fait pas mal de vêtements. Je lui montre ce qui me plaît et hop ! Elle refuse rarement. Il faut dire que je ne lui en demande pas tous les jours !

Alain, 14 ans, Reims

---

1 fringues : vêtements en argot
2 ça me fait craquer : je ne résiste pas
3 branché : à la mode, au goût du jour

II. ENTRAÎNEMENT

Maintenant, retrouvez de qui on parle.

1. __Anne-Sophie__ ne s'intéresse pas à la mode.
2. _____ dépense beaucoup d'argent pour soigner son apparence.
3. _____ a d'autres intérêts que celui d'acheter des vêtements.
4. _____ est critique sur ceux qui accordent trop d'importance à l'apparence.
5. _____ pense qu'il est difficile de résister à la tendance générale.
6. _____ aime adopter un look[1] sportif.

Lisez ces affirmations, dites si elles sont vraies ou fausses et justifiez[2] votre réponse :

PROPOSITIONS	VRAI	FAUX	JUSTIFICATION
1. Christine semble une fille raisonnable.			
2. Sonia aime à la folie s'habiller mais cultive un style personnel.			
3. Pour Anne-Sophie, l'important, c'est ce qu'on est.			
4. Pour Alain, la tentation d'être à la mode n'est pas seulement un problème de goûts.			
5. Sonia est une esclave de la mode.			

1 look : apparence 2 justifier : rechtfertigen

ACTIVITÉ 2 — Expression orale Réalités 4, Méthodes et stratégies

Et vous, que pensez-vous de la mode ? Occupe-t-elle une place importante dans votre quotidien[1], dans vos conversations ?

Réfléchissez à ce thème et soyez prêt(e) à vous exprimer sur le sujet, à argumenter, à convaincre dans le cadre d'un débat en classe.

1 le quotidien : *ici :* la vie quotidienne

ACTIVITÉ 3 — Jeu de rôle Réalités 4, Méthodes et stratégies

Vous avez vu dans un magasin un vêtement que vous voulez absolument vous faire offrir. Vous essayez de convaincre vos parents de vous faire ce cadeau pour votre anniversaire.

Reconstituez[1] l'ordre logique de l'argumentation que vous pourriez utiliser avec vos parents.

a) Alors je suis entré(e) dans le magasin.
b) Le prix n'était pas excessif.
c) Cependant je n'avais pas une telle somme d'argent sur moi.
d) L'autre jour, dans une vitrine, j'ai aperçu un super vêtement.
e) Finalement je suis repartie les mains vides.
f) Parce que je voulais demander le prix.
g) La vendeuse était sympathique : elle m'a dit que ça coûtait 50 euros.

L'ordre des phrases devrait être :

☐ ☐ ☐ ☐ ☐ ☐ ☐

1 reconstituer : wiederherstellen

ACTIVITÉ 4 — Expression orale Réalités 4, Dossier 2/1

Voici trois sujets. Nous vous demandons d'en traiter deux de manière enchaînée[1]. Vous avez 15 mn pour prendre des notes et vous préparer à cet exercice.

1. **Sujet simple :** Dites quels sont vos magasins de vêtements et de chaussures préférés dans votre ville et essayez de décrire votre style.

2. a) **Thème de réflexion :** Un(e) de vos ami(e)s rêve de devenir mannequin. Comment considérez-vous ce projet ? Selon vous, quels sont les avantages et les inconvénients de ce métier ?

2. b) **Jeu de rôle :** Votre ami(e) rêve de devenir mannequin. Vous en discutez avec lui / elle. Vous pensez qu'il / elle a des atouts mais que ce n'est pas un métier sérieux. Vous essayez de lui faire abandonner son projet.

1 enchaîné : zusammenhängend, miteinander verbunden

ACTIVITÉ 5 — Travaillons l'expression orale en continu Réalités 4, D 5

Tous les élèves de la classe vont travailler par deux, sur un même sujet.

La démarche va être la suivante :

- L'un d'entre vous choisit le sujet A (descriptif) et l'autre le sujet B (expression des sentiments et des points de vue[1]).
- Vous réfléchissez quelques minutes à ce que vous allez dire : prévoyez[2] cinq idées que vous exposerez[3] dans cinq phrases différentes.
- À tour de rôle[4], vous allez parler. Celui qui ne parle pas, prend des notes et relève[5] :
  – les hésitations sur un mot,
  – les phrases qui posent problème (enchaînement[6] difficile, erreur de conjugaison, etc.).
- Échangez vos remarques et travaillez ensuite tous les deux pour formuler le plus correctement possible ce que vous pourriez dire sur chaque sujet.
- À partir de là, un ou plusieurs groupe(s) de deux s'exprime(nt) devant la classe. Il est alors temps de comparer les arguments trouvés et de corriger ce qui doit encore l'être.

Commençons :

Sujet 1

a) Vous avez sans doute remarqué quelles tenues portait votre star préférée. Pensez aux couvertures des magazines ou de ses derniers disques, et dites comment elle était habillée.

b) Votre sœur se marie. Pour la cérémonie, vos parents veulent absolument vous faire porter un vêtement qui ne vous plaît pas (imaginez quel pourrait être le vêtement). Vous leur expliquez pourquoi vous n'êtes pas d'accord (problème de la couleur, de la forme, de la matière, etc.) et vous leur proposez une solution.

Sujet 2

a) Chaque année, en hiver et en été, il y a des soldes. Parlez de cette période et dites ce que font les gens que vous connaissez. Essaient-ils d'en profiter ? Vont-ils au début des soldes ? Attendent-ils la fin à cause de la foule ?

b) Vous avez acheté un vêtement en solde sans l'essayer et vous vous apercevez qu'il ne vous va pas. Vous retournez au magasin et vous essayez de vous faire rembourser.

Sujet 3

a) Votre professeur de dessin veut vous faire dessiner un carnaval. Dites où vous la voyez, de quoi elle est composée, pourquoi les gens sont là, quel âge ils ont et comment ils sont habillés.

b) Le carnaval de Venise fait rêver. On y porte des masques magnifiques, de superbes costumes. Pourquoi les gens aiment-ils se déguiser ? Si vous pouvez vous déguiser, quels costumes avez-vous envie de porter ?

Sujet 4

Pourquoi ne pas imaginer tous ensemble les sujets 4a et 4b ?

1 le point de vue : der Standpunkt 2 prévoir : vorhersehen 3 exposer : darstellen 4 à tour de rôle : nacheinander 5 relever : herausstellen, herausarbeiten 6 l'enchaînement *m.* : die Verknüpfung

ACTIVITÉ 6 — Travaillons des minidialogues Réalités 4, Dossier 5

Travaillez tout d'abord seul(e). Nous vous proposons un travail de déduction[1]. Lisez le premier dialogue et imaginez les phrases manquantes. Gérez[2] votre temps :

- 5 mn pour lire le dialogue et le compléter ;
- 5 mn pour comparer ce que vous avez écrit avec ce qu'a écrit votre voisin ;
- 5 mn pour corriger les fautes éventuelles ou noter les points posant problème et en parler au professeur.

Dialogue 1

– *Est-ce que tu pourrais m'aider à faire l'exercice de mathématiques ?*
– Si tu veux, on peut réfléchir ensemble. Viens à la maison en début d'après-midi, on fera l'exercice ensemble.
– _____
– C'est normal d'aider ses amis !

Nous vous proposons de procéder de la même manière avec les dialogues qui suivent :

Dialogue 2

– *Mes parents vont être furieux quand je vais leur annoncer ma note en histoire !*
– Pourquoi ? Tu as eu combien ?
– _____
– Alors je ne comprends pas pourquoi ils vont être fâchés.

Dialogue 3

– _____
– Avec Valérie ? Mais qu'est-ce qui s'est passé ?
– _____
– Peut-être qu'elle ne peut pas, tout simplement.

Dialogue 4

– _____ ?
– Je regrette, je n'ai pas de montre.
– _____ ?
– Je suis désolé : je n'en ai aucune idée.

Dialogue 5

– _____
– 50 euros
– _____ !
– Pas du tout : normalement, elles valent le double. On les solde parce qu'un nouveau modèle vient de sortir.

Dialogue 6

– _____ ?
– Non, je ne sais pas où il habite.
– _____ ?
– Oui, mais je connais seulement son numéro de téléphone portable.
– _____ ?
– Bien sûr : c'est le 06 45 46 78 29.
– _____
– Je t'en prie.

1 la déduction : das Ab-/Herleiten 2 gérer : einteilen

II. ENTRAÎNEMENT

ACTIVITÉ 7 Comprendre des messages téléphoniques **Réalités 3, U3/3**

Pour vous permettre de mieux comprendre comment sont rédigées les questions, nous allons étudier quelle forme elles peuvent prendre.

- **1re APPROCHE : Vous avez le choix entre plusieurs propositions :**

1. Qui a laissé un message ?
   ❑ Catherine
   ❑ André
   ❑ On ne sait pas

2. Le but du message est d'…
   ❑ informer
   ❑ inviter
   ❑ On ne sait pas

3. L'exercice de géographie est très difficile.
   ❑ Vrai ❑ Faux ❑ On ne sait pas

4. On nous dit que Fanfan la Tulipe est un film espagnol.
   ❑ Vrai ❑ Faux ❑ On ne sait pas

5. Le nom de l'héroïne est Pénélope Cruz.
   ❑ Vrai ❑ Faux ❑ On ne sait pas

Écoutez maintenant l'enregistrement puis donnez la bonne réponse.

- **2e APPROCHE : Cette fois-ci, vous devez répondre en écrivant votre réponse. On attend de vous un ou deux mots ou une phrase très courte et très simple.**

Écoutez maintenant une deuxième fois le document et répondez aux questions qui suivent. Ne relisez pas les réponses de la 1re approche ci-dessus. Vous aurez ensuite 5 minutes pour relire l'ensemble des questions (1re et 2e approches) et apporter les corrections éventuelles.

Attention : essayez d'écrire les mots correctement mais ne soyez pas trop inquiet sur ce point. En effet, dans cette épreuve, c'est la compréhension orale qui est testée et non l'expression écrite. On veut s'assurer[1] que vous êtes capable de comprendre une information sonore et non que vous êtes un as de l'orthographe[2].

1. Qui est l'auteur du message ?
   ....

2. Quel travail propose-t-il à Catherine ?
   ....

3. Où peuvent-ils aller après le travail ?
   ....

4. De quelle nationalité est Pénélope Cruz ?
   ....

Le temps de comparer vos réponses est venu.

1 s'assurer : sichergehen 2 l'ortographe f. : die Rechtschreibung

ACTIVITÉ 8 — Compréhension orale Réalités 3, Unité 3

Répondez aux questions :

1. Où se passe la scène ?
   ❏ À la maison ❏ À l'école ❏ ?

2. L'atmosphère est assez détendue :
   ❏ Vrai ❏ Faux ❏ ?

3. Quel est l'origine du problème ?
   ❏ retard ❏ désaccord ❏ jalousie

4. Jeanne s'apprête à sortir.
   ❏ Vrai ❏ Faux ❏ ?

5. Marie n'a pas d'armoire.
   ❏ Vrai ❏ Faux ❏ ?

6. Jeanne et Marie sont de la même famille.
   ❏ Vrai ❏ Faux ❏ ?

ACTIVITÉ 9 — Compréhension orale Réalités 4, Dossier 2

Vous allez entendre un dialogue.

- Vous aurez d'abord 1 minute pour lire les questions.
- Vous entendrez le dialogue une première fois. Vous aurez 30 secondes pour commencer à répondre aux questions.
- Vous entendrez le dialogue une seconde fois. Vous aurez à nouveau 30 secondes pour compléter vos réponses.

Répondez en cochant la réponse exacte (X), ou en écrivant l'information demandée.

1. Qui n'est pas content de la situation présente ?
   ❏ Cyril
   ❏ la mère de Cyril
   ❏ Stéphane

2. Sur quoi portent les reproches ?
   ❏ La clarté de la pièce.
   ❏ L'aspect de la pièce.
   ❏ L'impolitesse de son occupant.

3. La mère de Cyril :
   ❏ donne un ordre à son fils.
   ❏ supplie son fils.
   ❏ fait comprendre ce qu'elle attend de son fils.
   ❏ montre qu'elle veut bien aider son fils.

4. Quel argument principal Cyril oppose-t-il à sa mère ?

   ----

5. Quelle condition la mère de Cyril pose-t-elle pour l'autoriser à sortir avec Stéphane ?

II. ENTRAÎNEMENT

ACTIVITÉ 11 Expression orale Réalités 4, Dossier 5

Pour finir, nous vous proposons de regarder les dessins ci-dessous et de répondre aux questions qui les suivent :

Ados[1] avant / après

1. Que pensez-vous de l'évolution de leur apparence ?

2. Comment l'expliquez-vous ?

3. Vos goûts ont-ils déjà évolué ces dernières années ?

4. Pensez-vous qu'ils puissent évoluer aussi radicalement au fil du temps ?

5. Si vous aviez la possibilité de « relooker » les personnages, quels vêtements et quels accessoires leur proposeriez-vous ?

1 l'ado *m./f.* : l'adolescent *m.* / l'adolescente *f.*

III. EXEMPLES D'ÉPREUVES

➘ **Épreuve orale 1** .... *p. 84*

➘ **Épreuve orale 2** .... *p. 86*

➘ **Épreuve écrite 1** .... *p. 88*

➘ **Épreuve écrite 2** .... *p. 91*

ÉPREUVE ORALE 1

Compréhension orale

Réponse écrite à un questionnaire de compréhension portant sur de brefs documents enregistrés ayant trait à des situations de communication courantes (micro-conversations, annonces, publicités, ...)

Durée	coefficient
15 minutes environ	1

• **Objectif :**
Identifier des faits et des informations exprimés oralement, correspondant à des situations simples de la vie quotidienne.

• **Principaux savoir-faire requis :**
– identifier une situation, une activité, des personnages, des événements ;
– identifier des informations utiles : indications de lieu, de temps, de prix, etc.

EXEMPLE D'ÉPREUVE Expression orale

Vous allez entendre un dialogue entre deux amis. Ce dialogue est divisé en trois parties.

Lisez d'abord les questions (1 minute).

- **Première écoute :** vous entendrez les trois parties à la suite. Concentrez vous sur l'écoute, n'essayez pas de répondre à toutes les questions.
- **Deuxième écoute :** vous entendrez les trois parties séparément. Après chaque partie, vous aurez 2 minutes, pour répondre aux questions.

Répondez aux questions en cochant la réponse exacte (X), ou en écrivant l'information demandée.

N.B. : Vous devez noter les numéros ou les heures en chiffres.

Première partie (/24 points)

1. Alain va visiter la Bretagne :
   ❑ en voiture. ❑ en vélo. ❑ à pied.

2. Combien de temps part-il ?
   _____ semaines.

3. Dans quelles villes veut-il aller ?
   Entourez les noms sur la carte.

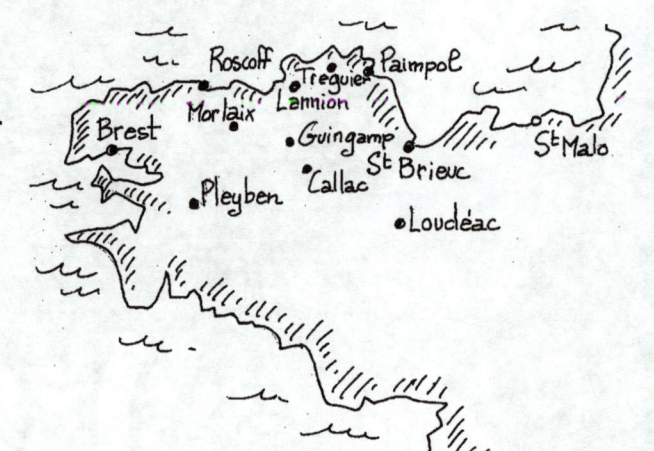

4. Dans quelle ville veut-il s'arrêter ? _____

5. Combien de kilomètres veut-il faire ? _____

Deuxième partie (/12 points)

6. Écrivez les prénoms de René, Yannick et Gérard sous leur portrait.

a) _____   b) _____   c) _____   d) _____   e) _____

Troisième partie (quinze jours plus tard) (/24 points)

7. Est-ce qu'Alain est content de ses vacances ?
❏ Oui ❏ Non ❏ On ne sait pas

8. Quel temps a-t-il fait ?
❏ très beau ❏ beau ❏ mauvais ❏ très mauvais

9. Finalement, dans quelles villes sont-ils allés ? Entourez les noms sur la carte.

10. Dans quelle ville sont-ils restés à la fin ? _____

11. Pendant combien de temps ? _____

12. Comment sont-ils rentrés ?
❏ en voiture
❏ en vélo
❏ en train

ÉPREUVE ORALE 2

Expression orale : participer à une conversation

Entretien en deux temps sur un thème donné, à partir d'un canevas de questions remis au candidat et l'invitant :	Durée	coefficient
a) à décrire des éléments de sa vie quotidienne, à échanger des informations	10 minutes environ (prép. 10 mn)	1
b) à exprimer des goûts et des opinions simples		1

• Objectif :

a) Dialoguer dans une situation courante de la vie quotidienne
b) Exprimer et justifier une attitude ou une opinion simple

• Principaux savoir-faire requis :

– se présenter, parler de soi et de sa vie quotidienne ;
– décrire / caractériser des personnes, des objets, des lieux, des situations ;
– donner / demander une information simple ;
– demander / réclamer un objet ;
– exprimer un goût ou une préférence, formuler une opinion ou une appréciation sommaire, justifier son point de vue.

On laissera au candidat le choix entre deux sujets tirés au sort (chaque sujet comportant les deux temps de l'entretien, indiqués ci-dessous comme A et B). On s'assurera que le candidat a bien compris la consigne, et qu'il y a deux temps dans l'entretien.
Bien que les deux parties soient enchaînées et que l'ensemble ne dépasse pas 10 minutes, elles doivent cependant donner lieu à deux notes différentes.

La passation de l'épreuve complète dure environ 10 minutes.

EXEMPLES D'ÉPREUVES Expression orale

Consigne : Vous traiterez d'abord la partie A et répondrez aux demandes de précision de l'examinateur. Puis vous présenterez votre point de vue personnel sur la partie B et discuterez avec l'examinateur lors de l'entretien.

Sujet 1

a) Parlez de l'endroit où vous habitez : comment est votre quartier, votre maison ? Habitez-vous loin du collège ? Comment allez-vous au collège ?
b) Y a-t-il un autre endroit où vous voudriez habiter, maintenant ou plus tard ? Préféreriez-vous une grande ville, une petite ville, la campagne ? Pourquoi ?

Sujet 2

a) Qu'allez-vous faire pendant vos prochaines vacances ? Quels sont vos projets ?

b) Pensez-vous que voyager à l'étranger est important pour un jeune de votre âge ? Pourquoi ? Quelle est selon vous la meilleure façon de voyager (avec votre famille, en groupe, en allant habiter chez des gens…) ?

Sujet 3

a) Comment occupez-vous vos loisirs ? Lisez-vous ? Allez-vous au cinéma ? Jouez vous à des jeux videos ? Faites-vous du sport ?

b) On dit que les jeunes regardent beaucoup trop la télévision, et que cela n'est pas bon pour leurs études. Qu'en pensez-vous ?

ÉPREUVE ÉCRITE 1

Épreuve écrite : compréhension globale et détaillée

	Durée	coefficient
Identification d'informations et d'opinions importantes figurant dans un ou plusieurs documents brefs ayant trait à des situations courantes de la vie quotidienne (publicités, prospectus, courts messages personnels, sondages...).	50 minutes environ	1

• Principaux savoir-faire requis :

Percevoir et caractériser brièvement (en étant guidé par des questions) :
– la fonction du document, le thème général, les informations essentielles ;
– le ton et le registre employés ; les différents sentiments, points de vue, attitudes, arguments exprimés.

Remarque : Il s'agit d'une épreuve de compréhension écrite : les questions données au candidat ont pour seule fonction de l'aider à dégager les contenus essentiels du document proposé.

EXEMPLE D'ÉPREUVE Expression écrite

Lisez le document suivant, tiré du magazine *Balises*, puis répondez aux questions.

Son dernier album, Oxygène, le montre toujours amoureux des mots et fidèle à ses idées. Rencontre avec Yann Respect (prononcer « rèspekt », à l'anglaise), un rappeur engagé.

Balises : *Tu as beaucoup hésité avant d'accepter cet entretien. Pourtant, dans tes textes, tu t'exprimes de manière très directe…*

Y.R. : Je sais que cela peut paraître contradictoire, mais dans la vie, je ne parle pas beaucoup, je suis plutôt réservé. Avec les gens je préfère observer, écouter. Je n'ai pas l'habitude de me livrer[1]. Même mes amis ne savaient pas ce que je pensais avant d'entendre mes raps…

Pourquoi as-tu choisi le rap ?

Y.R. : Je ne l'ai pas vraiment choisi. C'est ma musique depuis toujours, la seule qui me permette de parler de tout, de dire vraiment ce que je veux dire.

Te considères-tu comme un chanteur « engagé » ?

Y.R. : J'essaye de parler de ce qui intéresse les gens. Le public ne vient pas pour t'entendre raconter tes petits problèmes ! J'aborde des questions de société, même si je sais que ce ne sont pas mes chansons qui vont changer le monde !

Tu parles beaucoup de non-violence. Ce n'est pas courant chez les rappeurs…

Y.R. : Les rappeurs ne sont pas tous violents. Et leur violence est seulement dans les mots : c'est une manière de dire la réalité, de dénoncer les injustices. Pour moi, les gens vraiment violents sont ceux qui ont le pouvoir et sont prêts à tout pour le conserver. Ces gens-là ne font pas de rap… […]

D'où viennent les valeurs que tu défends ?

Y.R. : De ma famille. Le respect, ça se transmet : mes parents m'ont appris à vivre en respectant les autres. Grâce à eux, je ne suis ni un ange, ni un bandit.

Et comment ont-ils accepté ta musique ?

Y.R. : Ils ont été surpris. Ils n'avaient jamais imaginé que je pourrais m'exprimer de cette façon. Mais ils se sont habitués…

Est-ce que le succès t'a changé ?

Y.R. : Ma vie quotidienne a changé : je prends moins souvent le RER[2] et plus souvent le taxi et l'avion ! Mais au fond je suis toujours le même. Je fais du rap pour m'exprimer, pas pour gagner de l'argent ou avoir ma photo dans les magazines. Et quand je n'aurai plus rien à dire, je m'arrêterai !

1. se livrer : parler de ce que l'on pense ou de ce que l'on sent
2. RER : Réseau Express Régional (train qui traverse aussi Paris)

Questions

1. *Oxygène*, c'est (Cochez (X) la bonne réponse.) (2 points)
- ❑ un livre.
- ❑ un disque.
- ❑ un magazine.
- ❑ un groupe de rock.

2. Qu'est-ce que le rap pour Yann Respect ? (Cochez (X) la bonne réponse.) (2 points)
- ❑ Un moyen de gagner sa vie.
- ❑ Un moyen de parler de soi et de ses problèmes.
- ❑ Un moyen de communiquer avec les autres.
- ❑ Un moyen de changer la société.

3. Qu'est-ce qu'il aime, qu'est-ce qu'il n'aime pas ? Cochez la case correspondante (X). Lorsqu'on ne peut pas savoir, cochez la case « ? ». (6 points)

	il aime	il n'aime pas	?
• les journalistes	❑	❑	❑
• les discussions et les entretiens	❑	❑	❑
• la musique classique	❑	❑	❑
• la violence	❑	❑	❑
• sa famille	❑	❑	❑
• le RER	❑	❑	❑

4. VRAI ou FAUX ? Cochez la case correspondante. Lorsque la réponse ne se trouve pas dans le texte cochez la case « ? ». (5 points)

	VRAI	FAUX	?
Il aurait préféré faire un autre genre de musique.	☐	☐	☐
Il aime aussi beaucoup le rock.	☐	☐	☐
Il regrette que ses parents ne le comprennent pas.	☐	☐	☐
Il rêve de faire une carrière à l'étranger.	☐	☐	☐
Il pense que l'argent n'est pas l'essentiel dans la vie.	☐	☐	☐

5. Quel est, dans le texte, la signification exacte des phrases suivantes ? Cochez la case correspondante. (3 points)

- Ces gens-là ne font pas de rap.
   a) ☐ Ils n'ont pas le temps de faire du rap.
   b) ☐ Ils ne savent pas ce que c'est que le rap.
   c) ☐ Ils n'ont pas les qualités humaines pour faire du rap.

- Je ne suis ni un ange ni un bandit.
   a) ☐ Je ne sais pas encore ce que je vais devenir.
   b) ☐ Je suis un homme normal, avec ses qualités et ses défauts.
   c) ☐ Je ne suis pas capable de faire des choses extraordinaires.

6. Cochez les adjectifs qui conviennent pour caractériser la personnalité de Yann Respect, et justifiez votre choix en citant une phrase ou une expression du texte. (2 points)

☐ honnête

Justification : ....

☐ triste

Justification : ....

☐ violent

Justification : ....

☐ modeste

Justification : ....

ÉPREUVE ÉCRITE 2

Épreuve écrite : *Expression*

Rédaction de deux brèves productions personnelles portant sur des situations simples de la vie quotidienne :	Durée	coefficient
a) lettre de caractère amical, évoquant une situation et des événements (60 mots minimum)	50 minutes environ	1
b) note ou message dans une situation de communication simple invitant le candidat à prendre position, à exprimer une attitude ou une opinion (50 mots minimum)		1

• Principaux savoir-faire requis :
– situer des événements dans le temps et dans l'espace ;
– présenter / décrire une situation, une activité, des personnages, des événements ;
– exprimer une attitude, une opinion, des arguments ;
– rédiger un texte cohérent et articulé ;
– respecter les règles simples de la correspondance amicale.

Les deux activités sont notées séparément.

EXEMPLE D'ÉPREUVE

A) Vous êtes parti(e) en vacances pour quelques jours à l'île de la Réunion. Le soir du 23 août, vous écrivez une carte postale à des amis. Vous leur racontez où vous êtes et ce que vous avez fait les jours précédents. (60 mots minimum)

Voyage à la Réunion, 19-25 août

19 août : arrivée à Saint-Denis

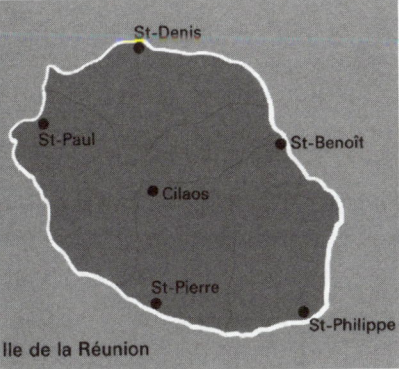

Île de la Réunion

23 août : Le tour du volcan (5 heures !)

25 août : départ

B) Un(e) de vos ami(e)s devait venir avec vous pour les vacances d'été. Quelques jours avant les vacances, il / elle vous a envoyé une message électronique pour vous dire qu'il / elle ne peut plus venir. Vous lui répondez pour lui dire votre déception et pour essayer de le / la faire changer d'avis. (50 mots minimum)

IV. TECHNIQUES DE TRAVAIL

HÖREN UND LESEN

Beachtet beim Hören oder Lesen folgende Tipps:

1. Versucht **beim ersten Hören oder Lesen** möglichst viel vom Text zu verstehen. Haltet euch nicht bei einzelnen unbekannten Wörtern oder Satzteilen auf, die ihr noch nicht versteht, sondern versucht den Text im ganzen und die Kernaussagen zu verstehen.

2. Versucht **beim weiteren Hören oder Lesen** Einzelheiten zu verstehen und diese mit den Kernaussagen des Textes zu verknüpfen. Wenn Fragen bzw. Aufgaben wie Mutiple-Choice-Aufgaben gestellt werden oder ein Auswertungsraster vorgegeben ist, lest diese vor dem weiteren Hören oder Lesen gründlich durch. Versucht die Bedeutungen unbekannter Wörter mit Hilfe eures sprachlichen Wissens oder mit Hilfe des Kontextes zu erschließen. Macht euch während oder im Anschluss an den Lese- oder Hörvorgang Notizen.

NOTIZEN MACHEN

Achtet beim Notizenmachen auf folgende Tipps:

1. Beim ersten Lesen:
Macht euch Notizen im Text: Markiert wichtige Informationen, Schlüsselwörter, Satzteile durch …

Umkästeln	racisme
Unterstreichen	lecture
Unterschlängeln	chômage

Verbindet wichtige Informationen, die zusammenhängen, durch …

Linien

Pfeile (bei Begründungen)

Macht euch neben dem Text Anmerkungen:

Gebrauch dabei Symbole:
! Information, die mir besonders wichtig ist.
? Information, die ich (noch) nicht verstanden habe oder die ich für fraglich halte.
+ Argument, das ich für richtig halte.
− Meinung, das ich für falsch halte.

Beim oder nach dem ersten Hören:
Notiert euch wichtige Schlüsselwörter oder Satzteile auf einem Notizblatt.

2. Beim weiteren Lesen oder Hören:
Vervollständigt Eure Notizen im oder neben dem Text oder auf dem Notizblatt.

Kürzt dabei eure Notizen ab:
• Gebraucht keine Artikel, gebraucht die Infinitive der Verben
• Gebraucht Symbole:
= c'est la même chose que … / c'est comme …
≠ c'est le contraire de …
→ conclusion:
\> cela mène à
< cela vient de
--- il y a une relation entre …
ex par exemple

Benutzt anschließend die Notizen, die ihr angefertigt habt. Sie dienen euch …
• den Inhalt der Texte zusammenhängend mündlich wiederzugeben
• beim Gespräch Argumente vorzutragen, Stellung zu nehmen
• einen Text zu verfassen.

EINEN TEXT SCHREIBEN

Beachtet beim Schreiben eines Textes folgende Tipps:

1. **Bereitet euer Schreiben vor:** Sammelt wichtige Fakten und notiert euch Stichwörter (s. Notizenmachen). Macht euch eventuell einen Textplan.

2. **Beginnt dann den Text zu schreiben:** Denkt dabei an den Adressaten, an den ihr den Text schreibt und versucht ihm eure Botschaft verständlich zu machen. Lest das bereits Geschriebene durch, bevor ihr weiterschreibt.
Verbindet die Sätze bzw. Textteile eventuell durch Redemittel (s. locutions).
Beachtet bei persönlichen Briefen folgendes:
• Wählt die richtige Anrede oder Abschiedsformulierung.
• Beachtet, wo Ort, Datum, Anrede, Abschiedsformulierung und Unterschrift stehen.
• Lasst einen angemessenen Rand.

3. **Überarbeitet euren Text sprachlich und stilistisch und gebt ihn in einer sauberen Form ab.**
Stellt euch vor allem folgende Fragen im Hinblick auf mögliche Fehlerquellen:
• Stimmen Verb und Subjekt überein?
• Sind die Begleiter und die Adjektive den Nomen angepasst?
• Stehen die Adjektive an der richtigen Stelle?
• Habt ihr Auslöser für den *subjonctif* verwendet und den *subjonctif* im *que*-Satz gebraucht?
• Habt ihr Auslöser für *imparfait* und *passé composé* verwendet und die Zeiten richtig gebraucht?
• Stimmen die Pronomen mit den Wörtern, die sie ersetzen, überein?
• Habt ihr Wörter und Redewendungen richtig verwendet, dass der Leser den Text versteht?
• Habt ihr Wörter, die im Deutschen und Französischen ähnlich gebildet werden, richtig geschrieben und verwendet?
• Habt ihr die Textteile richtig miteinander verbunden?

DAS ZUSAMMENHÄNGENDE SPRECHEN ODER EIN GESPRÄCH VORBEREITEN

Wenn ihr ein Gespräch vorbereitet, sammelt wichtige Fakten oder Argumente und ordnet sie. Sinnvoll ist es, ein Gesprächsgitter oder -geländer zu entwerfen und die wichtigen Fakten hier einzutragen. Davon ausgehend könnt ihr euer Sprechen erfolgreich gestalten.

Beispiele für Gesprächsgitter:

Modèle A

Sujet	
Situation 1	
Situation 2	
Situation 3	

Modèle B

	Pers. A	Pers. B	Pers. C
Argument 1			
Argument 2			
Argument 3			
…			

Pers. = Personne

IV. TECHNIQUES DE TRAVAIL

Modèle C

	Traits de caractère	Situations	Activités
Personne 1			
Personne 2			
Personne 3			
…			

Modèle D

aspects positifs	aspects négatifs
fait 1	
fait 2	
fait 3	
…	

Beispiele für Gesprächsgeländer:

Modèle A – Erzählen:	Modèle B – Argumentieren:	
D'abord …	1er argument: ….	2e argument: …
Ensuite …	C'est pourquoi: …	Ainsi: ….
Après …	Mais …	Au contraire …
…	…	
Finalement …	En conclusion, …	

Tragt hierbei wichtige verknüpfende Redemittel ein.

Achevé d'imprimer en France par l'Imprimerie Moderne de l'Est en avril 2004
Dépôt légal : avril 2004 - 5589/01